大数据及其在交通运输中的应用

李敏　王武宏　潘福全　著

Python

化学工业出版社
·北京·

内容简介

本书主要对大数据的理论基础进行了介绍，并对大数据框架包含的内容进行了详细讲解。具体内容包括：对 Python 基础知识的介绍，主要是在大数据的交通流预测中所能用到的 Python 基础知识；对大数据所包括的内容及基础理论知识的讲解；数据挖掘的研究与分析，对交通流大数据的基础数据的处理与分析；基于 Python 的机器学习模型的基础理论知识的介绍、交通流和驾驶行为及意图分析；基于 Python 的深度学习的理论讲解与分析，并运用深度学习模型对交通流进行预测等。

本书可供交通运输、交通工程、车辆工程、计算机等领域的技术人员、编程人员阅读，也可供相关专业的师生学习参考。

图书在版编目（CIP）数据

大数据及其在交通运输中的应用/李敏，王武宏，潘福全著. —北京：化学工业出版社，2021.12（2024.1重印）

ISBN 978-7-122-39983-0

Ⅰ.①大… Ⅱ.①李…②王…③潘… Ⅲ.①大数据-应用-交通运输-研究 Ⅳ.①U

中国版本图书馆 CIP 数据核字（2021）第 198903 号

责任编辑：陈景薇　　文字编辑：冯国庆
责任校对：王佳伟　　装帧设计：王晓宇

出版发行：化学工业出版社（北京市东城区青年湖南街 13 号　邮政编码 100011）
印　　装：北京科印技术咨询服务有限公司数码印刷分部
710mm×1000mm　1/16　印张 10¼　字数 177 千字　2024 年 1 月北京第 1 版第 4 次印刷

购书咨询：010-64518888　　售后服务：010-64518899
网　　址：http://www.cip.com.cn
凡购买本书，如有缺损质量问题，本社销售中心负责调换。

定　　价：88.00 元

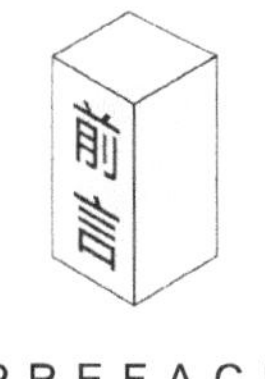

PREFACE

近年来，随着大数据的引入和人工智能的发展，交通领域在大数据和人工智能的影响下不断发展，追求更快、更准确、更智能化的研究越来越迫切。驾驶行为及意图的识别、交通流的预测、交通规划等交通领域的更新内容都需要大数据和人工智能的支撑。本书介绍了大数据的框架和基本内容、特点及原理等，从数据的获取到深度学习，讲解的内容由浅入深，并通过 Python 编程实现数据获取和算法原理说明，使读者容易理解和掌握。

本书的具体研究内容如下。

① 大数据概述：大数据的基本理论知识，大数据的特征、分类、框架结构等。

② Python 基础知识：各种模块的讲解，并配以案例实现。

③ 机器学习模式识别：机器学习的类型，机器学习的基础数学知识，树和随机森林算法，KNN 算法，贝叶斯理论，支持向量机等模型和原理，以及具体的 Python 代码实现。

④ 深度学习基础及应用：深度学习的微积分基础、线性代数基础、案例详解、深度学习框架以及硬件基础、深度学习的驾驶意图应用等。

⑤ 深度学习的交通流预测研究：交通流理论基础、交通流统计分布特性的基本理论知识、交通流数据预处理等。

本书的出版得到了山东省自然科学基金面上项目（ZR2019MEE072）、教育部高等教育司“人因与工效学”产学合作协同育人项目（202101042014）、教育部人文社会科学研究规划基金（18YJAZH067）、山东省自然科学基金面上项目（ZR2020MG021）、山东省泰山学者专项（ts201712054）、国家自然科学基金面上项目（5217052865）、工业流体节能与污染控制教育部重点实验室项目（背景噪声下小波包处理技术的深度学习声纹识别研究）等资助。在此一并表示感谢。

最后，还要衷心感谢本书引用的参考资料的所有作者。由于笔者水平有限，书中难免有疏漏和不足之处，恳请读者批评指正。

著者

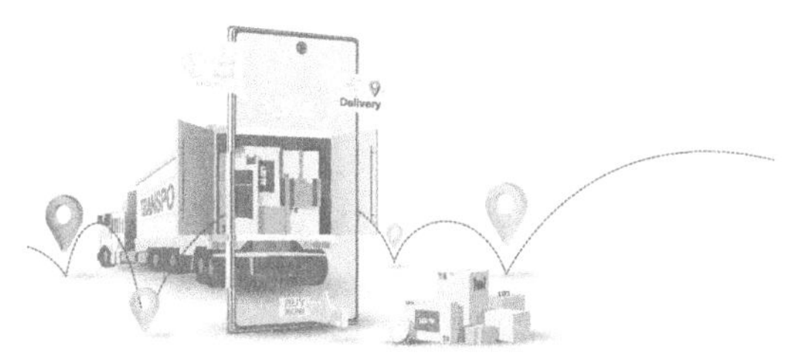

目录
CONTENTS

第1章

绪论

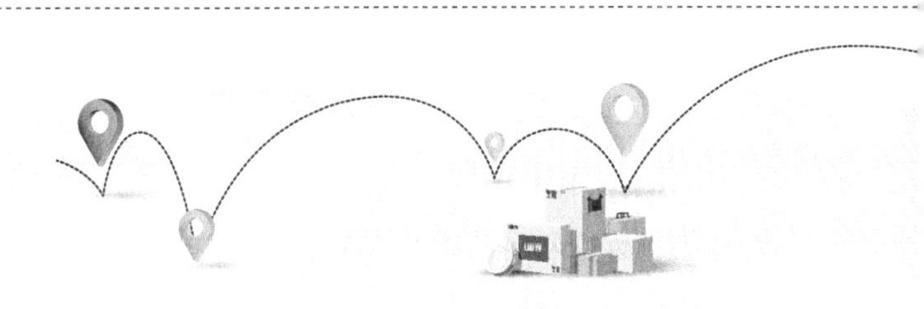

1.1 大数据概述

1.1.1 大数据介绍

大数据（Big Data）是一门市场语言，其背后是硬件、数据库、操作系统、Hadoop 等一系列技术的综合应用。大数据技术的核心是从数据中获取价值。

大数据由 SGI 的首席科学家 John R. Masey 于 1998 年在 USENIX 大会上首次提出，其发表的一篇论文 *Big Data and the Next Wave of Infrastress* 提出大数据这个词，来描述数据爆炸的现象。真正大数据的概念，是阿尔文·托夫勒在《第三次浪潮》一书中提出的，其预言了信息时代的到来会带来数据爆发。

在 2003～2006 年 Google（谷歌）公布的 *GFS*、*MapReduce*、*BigTable* 技术论文中，奠定了大数据发展的基石。Hadoop 之父 Doug Cutting 实现了 Hadoop，Hadoop 的诞生对大数据的发展起到了很大的作用。大数据代表的是一种理念、一种问题的解决思路、一系列技术的集合，Hadoop 只是其中一种具体的处理数据的框架技术。

大数据从数据中挖掘价值，找出规律，通过数据的全样本弥补模型的准确性。大数据具有以下 4 大特性。

（1）数据量大

随着物联网的推广和普及，各种传感器和摄像头将分布在生活的各个角落，这些设备时刻会产生大量的数据。

（2）数据类型繁多

大数据的数据来源很多，科学研究、企业应用等都在时刻生成新的类型繁多的数据。交通大数据、医疗大数据、电信大数据、生物大数据、金融大数据等，都在生成不同类型的数据。

（3）处理速度快

大数据时代，数据产生速度非常快，新浪微博 1 分钟能产生 2 万条微博信息，Twitter（推特）1 分钟可以产生 10 万条推文等，成千上万台计算机在分析这些数据。大数据时代需要基于快速生成的数据进行实时分析，因此数据处理和分析需要达到秒级响应。

(4) 价值密度低

虽然产生大量数据，但是在这些大量数据中，有价值的数据并不多。

1.1.2 大数据分类

大数据的分类方法有很多，按照数据形态可以分为结构化数据和非结构化数据：结构化数据有传统的 Data Warehouse 数据等；非结构化数据有文本数据、图像数据、自然语言数据等。

结构化数据，结构固定，每个字段有固定的语义和长度，计算机程序可以直接处理；而非结构化数据，计算机程序无法直接处理，需要对数据进行格式转换或信息提取。

1.2 Python 概述

1.2.1 Python 介绍

Python 是一门编程语言，具有丰富而强大的库，被称为“胶水语言”，能够把用其他语言制作的各种模块轻松地连在一起。

Python 是深度学习的首选开发语言，简洁的语言设计使得用户更容易学习和接受，随用随写，不需要对内存进行释放。Python 的社区开发成熟，有很多第三方类库可以使用。这些开源的算法类库对程序编写过程起到很大的作用。Python 语言与其他语言相比有较高的运行效率，使用 Python 语言的代码更容易阅读、调试和扩展。Python 语言有非常友好的接口库，并且可以加速程序的运行效率，不用去了解底层的运行机制。Python 在数据分析、机器学习、人工智能等领域受到编程人士的喜欢，有很多现成的库可以直接调用，满足人们在不同领域中的需求，Python 也被用于学术研究和应用研究。

1.2.2 Python 安装

在 Windows 系统中安装 Python，首先需要下载 Windows Python 安装程序。很多第三方提供了集成大量科学计算类库的 Python 标准安装包，最常用的是 Anaconda。

Anaconda 里面集成了很多 Python 科学计算的第三方库，安装方便。

Anaconda 的使用方法如下。

第一步：下载和安装。

选择 Windows 版本下载，单击运行即可安装，与普通软件安装一样。

第二步：打开控制台。

依次单击开始、所有程序、Anaconda、Anaconda Promp。

第三步：验证 Python。

在控制台中输入 Python，打印出版本号，并在控制符号下输入代码：Print（'hello python'）。输出 hello python 表示安装成功。

第四步：使用 Conda 命令。

查看已经安装的第三方类库的命令：Conda list。

Anaconda 中使用 Conda 安装第三方类库，例如安装 NumPy 安装包，输入命令：Conda install numpy。

1.2.3 IDE 与 IDLE

在程序运行过程中，需要一个编辑器来编写代码。编写完的代码需要一个编译器把代码编译给计算机，让计算机执行。代码在运行过程中难免会出现一些错误，这个时候需要用调试器去调试代码。

IDE 是 Integrated Development Environment 的缩写，表示集成开发环境。集成开发环境是用来提供程序开发环境的应用程序，一般包括代码编辑器、编译器、调试器和图形用户界面等工具。它包含了程序编写过程中所有用到的工具。

IDLE 是 IDE 中的一种，IDE 中有很多种 IDLE，比如 PyCharm、Xcode、Spyder、Jupyter Notebook 等。本书用 Jupyter Notebook。

1.3 交通运输大数据概述

交通运输中的大数据主要有交通运输管理、旅行信息、公共交通运输管理、电子支付、商用车业务、应急管理、网联汽车和自动驾驶汽车、智慧城市、存档数据、维护与施工作业等数据来源。

① 交通运输管理包括交通信号控制管理、高速公路管理和事故管理。交通运输管理领域内可能出现的数据，主要有交通信号定时、车速、交通量、交

叉口转弯计数、交叉口之间的通行时间、事故数量、事故持续时间等。

② 旅行信息数据来源，包括旅行者信息、出行需求、旅行条件、旅行成本、用户偏好、形成时间的可靠性、最佳路线选择、乘车匹配选择等数据来源。

③ 公共交通运输管理数据来源主要包括公共交通运输管理、车辆位置、当前服务水平、乘客负荷、公交服务需求等。

④ 电子支付数据来源包括电子收费、电子售票、上下乘客数、票价等。

⑤ 商用车业务数据来源包括商用车业务、驾驶员证件、车辆证件、货物证明材料、车辆状况、驾驶员状况、货物状况等。

⑥ 应急管理数据来源包括急救车辆位置、紧急情况的发生位置和性质、威胁数据、交通运输网络状态等。

⑦ 网联汽车和自动驾驶汽车数据来源主要有车辆运行数据、车辆位置、车辆瞬时速度、车辆识别号、驾驶员状况、驾驶行为等。

⑧ 智慧城市的交通要素提供了数据生成的可能性，数据来源主要为基于智能手机位置数据的运动分析、数据众包服务、社会情感与用户感知等。

本书主要针对交通流预测和驾驶行为等数据进行分析，并对分析的数据输入深度学习模型，进行交通流预测及驾驶行为（意图）识别。

第2章

Python基础知识

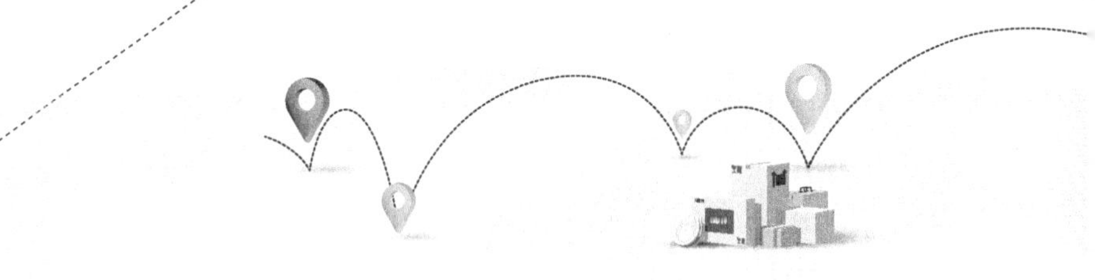

2.1 变量和简单数据类型
2.2 Python语法基础
2.3 数据可视化
2.4 数据的统计学特征
2.5 代数和符号运算问题
2.6 基本数学运算
2.7 不同类型的数字
2.8 Pandas和NumPy模块

Python 是一种面向对象的、解释性的编程语言，同时也是一种功能强大而完善的通用型语言。Python 代码简单易学，容易上手。Python 是开源的，具有可移植性，Python 程序无须修改便可以在很多平台上运行，包括 Linux、Windows、FreeBSD、Solaris 等。Python 具有很强大的功能，能处理复杂的 3D 图形，可以借助扩展模块轻松完成。

2.1 变量和简单数据类型

2.1.1 变量的命名和使用

在 Python 中使用变量的时候，需要遵守一些规则和指南。

① 变量名由字母、数字和下划组成，不能以数字开头。

② 变量名不能包含空格，但是可以使用下划线来分隔其中的单词。

③ 不要将 Python 的关键字和函数名用作变量名。

④ 变量名应既简短又具有描述性。

⑤ 慎用小写字母 l 和大写字母 O，因为很容易错看成 1 和 0。

2.1.2 字符串

字符串是一种数据类型，字符串就是一系列字符。在 Python 中，用引号括起来的都是字符串，可以用单引号，也可以用双引号。

```
In  [2]: "This is a string"

Out[2]: 'This is a string'
```

（1）修改字符串中单词的大小写

可以修改字符串中单词的大小写。

```
In  [3]: name="ada lovelace"
         print(name.title())

         Ada Lovelace
```

在 print（）语句中，方法 title（）在 name 变量的后面用点连接，表示让 Python 对变量 name 执行方法 title（）指定的操作。title（）以首字母大写的方式显示每个单词，即将每个单词的首字母都改为大写。

还有其他方法把字母全部改为小写，或把字母都改为大写。

In [4]:
```
name="Ada Lovelace"
print(name.upper())
print(name.lower())
```

```
ADA LOVELACE
ada lovelace
```

（2）合并字符串

有些情况，需要合并字符串。

In [6]:
```
first_name="ada"
last_name="lovelace"
full_name=first_name+""+last_name
print(full_name)
```

```
adalovelace
```

In [7]:
```
first_name="ada"
last_name="lovelace"
full_name=first_name+""+last_name
print("Hello,"+full_name.title()+"!")
```

```
Hello,Adalovelace!
```

2.1.3 使用制表符或换行符添加空白

空白泛指任何非打印字符，如空格、制表符和换行符。在字符串中添加制表符，可以使用字符组合\t对比一下。

In [8]:
```
print("Python")
```

```
Python
```

In [11]:
```
print("\tPython")
```

```
	Python
```

要在字符串中添加换行符，可以使用字符组合\n。

In [11]:
```
print("\tPython")
```

```
	Python
```

In [12]:
```
print("Languages:\nPython\nC\nJavaScript")
```

```
Languages:
Python
C
JavaScript
```

也可以同时使用制表符和换行符。

In [13]:
```
print("Languages:\n\tPython\n\tC\n\tJavaScript")
```

```
Languages:
	Python
	C
	JavaScript
```

删除空白：Python 能够找出字符串开头和末尾多余的空白。可以使用方法 rstrip（）来确保字符串末尾没有空白。

```
In  [21]: favorite_language=' python '
          favorite_language
Out[21]: 'python '

In  [22]: favorite_language.rstrip()
Out[22]: 'python'
```

Python 中用 lstrip 删除开头的空白。

```
In  [24]: favorite_language=' python'
          favorite_language
Out[24]: ' python'

In  [25]: favorite_language.lstrip()
Out[25]: 'python'
```

2.2 Python 语法基础

2.2.1 数字

（1）整数

可以对整数执行加（+）、减（-）、乘（*）、除（/）运算。

```
In  [26]: 3+2
Out[26]: 5

In  [27]: 3-2
Out[27]: 1

In  [29]: 3*2
Out[29]: 6

In  [28]: 3/2
Out[28]: 1.5
```

乘方运算和优先级运算如下。

```
In  [30]: 3**2
Out[30]: 9

In  [31]: 2+3*4
Out[31]: 14

In  [32]: (2+3)*4
Out[32]: 20
```

（2）浮点数

Python 将带小数点的数字称为浮点数，运算如下。

```
In  [33]: 0.1+0.1
Out[33]: 0.2

In  [34]: 2*0.1
Out[34]: 0.2
```

2.2.2 列表

列表由一系列按照特定顺序排列的元素组成。用方括号来表示列表，用逗号对每一个元素进行分隔。

```
In  [35]: bicycles=['trek','cannondale','redline','specialized']
          print(bicycles)

          ['trek', 'cannondale', 'redline', 'specialized']
```

（1）对列表的第一个元素进行访问

```
In  [37]: bicycles=['trek','cannondale','redline','specialized']
          print(bicycles[0])

          trek
```

（2）修改、添加、插入和删除元素

修改列表，添加元素。

```
In  [38]: #修改列表
          motorcycles=['honda','yamaha','suzuki']
          print(motorcycles)
          motorcycles[0]='ducati'
          print(motorcycles)

          ['honda', 'yamaha', 'suzuki']
          ['ducati', 'yamaha', 'suzuki']
```

```
In  [39]: #在列表末尾添加元素
          motorcycles=['honda','yamaha','suzuki']
          print(motorcycles)
          motorcycles.append('ducati')
          print(motorcycles)

          ['honda', 'yamaha', 'suzuki']
          ['honda', 'yamaha', 'suzuki', 'ducati']
```

在列表中插入元素。

```
In  [41]: #在列表中插入元素
          motorcycles=['honda','yamaha','suzuki']
          motorcycles.insert(0,'ducati')
          print(motorcycles)

          ['ducati', 'honda', 'yamaha', 'suzuki']
```

在列表中删除元素。

In [42]:
```
#在列表中删除元素
motorcycles=['honda','yamaha','suzuki']
print(motorcycles)
del motorcycles[0]
print(motorcycles)
```

```
['honda', 'yamaha', 'suzuki']
['yamaha', 'suzuki']
```

运用 pop（）方法可以删除列表末尾的元素，并可以接着使用它。

In [43]:
```
#运用pop（）方法删除元素
motorcycles=['honda','yamaha','suzuki']
print(motorcycles)
popped_motorcycle=motorcycles.pop()
print(motorcycles)
print(popped_motorcycle)
```

```
['honda', 'yamaha', 'suzuki']
['honda', 'yamaha']
suzuki
```

In [45]:
```
motorcycles=['honda','yamaha','suzuki']
last_owned=motorcycles.pop()
print('The last motorcycle I owned was a '+last_owned.title()+'.')
```

```
The last motorcycle I owned was a Suzuki.
```

（3）对列表进行永久性排序：sort（）方法

In [46]:
```
cars=['bmw','audi','toyota','subaru']
cars.sort()
print(cars)
```

```
['audi', 'bmw', 'subaru', 'toyota']
```

使用函数 sorted（）对列表进行临时排序。

In [48]:
```
cars=['bmw','audi','toyota','subaru']
print("\nHere is the original list:")
print(cars)
print("\nHere is the sorted list:")
print(sorted(cars))
print("\nHere is the original list again:")
print(cars)
```

```
Here is the original list:
['bmw', 'audi', 'toyota', 'subaru']

Here is the sorted list:
['audi', 'bmw', 'subaru', 'toyota']

Here is the original list again:
['bmw', 'audi', 'toyota', 'subaru']
```

（4）遍历整个列表

运用 for 循环来打印列表中的所有元素。

In [49]:
```
magicians=['alice','david','carolina']
for magician in magicians:
    print(magician)
```

```
alice
david
carolina
```

（5）创建数字列表

打印数字 1～4，用 range（）函数。

```
In [50]: for value in range(1,5):
             print(value)

1
2
3
4
```

创建数字列表。

```
In [51]: numbers=list(range(1,5))
         print(numbers)

[1, 2, 3, 4]
```

（6）列表解析

通过列表解析将 for 循环和创建新元素的代码合并成一行，自动附加新元素。

```
In [52]: squares=[value*2 for value in range(1,11)]
         print(squares)

[2, 4, 6, 8, 10, 12, 14, 16, 18, 20]
```

2.2.3 列表切片

（1）选取列表的第一个元素到第三个元素

```
In [54]: players=['charles','martina','michael','florence','eli']
         print(players[0:3])

['charles', 'martina', 'michael']
```

（2）复制列表

```
In [55]: my_foods=['pizza','falafel','carrot cake']
         friend_foods=my_foods[:]
         print("My favorite foods are:")
         print(my_foods)
         print("\nMy friend's favorite foods are :")
         print(friend_foods)

My favorite foods are:
['pizza', 'falafel', 'carrot cake']

My friend's favorite foods are :
['pizza', 'falafel', 'carrot cake']
```

（3）元组

列表是可以修改的，有时候需要创建不可修改的元素，元组就是不可变的列表。元组和列表的表示方法不一样，它用小括号来表示。

```
In [56]: dimensions=(200,50)
         print(dimensions[0])
         print(dimensions[1])

200
50
```

遍历元组中的所有值。

```
In [57]: dimensions=(200,50)
         for dimension in dimensions:
             print(dimension)

200
50
```

2.2.4 if 语句

① 把 if 语句中的元素用大写字母表示，else 语句中的元素以首字母大写的方式表示。

```
In [58]: cars=['audi','bmw','subaru','toyota']
         for car in cars:
             if car =='bmw':
                 print(car.upper())
             else:
                 print(car.title())

Audi
BMW
Subaru
Toyota
```

② 检查特定值是否包含在列表中。

```
In [59]: requested_toppings=['mushrooms','onions','pineapple']
         "mushrooms" in requested_toppings

Out[59]: True
```

③ 检查特定值是否不包含在列表中。

```
In [61]: banned_users=['andrew','carolina','david']
         user='marie'
         if user not in banned_users:
             print(user.title()+",you can post a response if you wish.")

Marie,you can post a response if you wish.
```

④ for 循环中包含 if 语句。

```
In [62]: requested_toppings=['mushrooms','green peppers','extra cheese']
         for requested_topping in requested_toppings:
             if requested_topping =='green peppers':
                 print("Sorry,we are out of green peppers right now.")
             else:
                 print("Ading "+requested_topping+".")
         print("\nFinished making your pizza!")

Ading mushrooms.
Sorry,we are out of green peppers right now.
Ading extra cheese.

Finished making your pizza!
```

2.2.5 字典

理解字典，可以对真实的物体进行建模。可以创建表示一个人的字典，然后在其中存储信息，有关人的各个方面的信息都可以。

（1）创建一个简单的字典

In [63]:
```
alien_0={'color':'green','points':5}
print(alien_0['color'])
print(alien_0['points'])
```

```
green
5
```

字典是一系列的键-值对，键与值相关联，可以用键来访问它所对应的值。与键相连的值可以是字符串、数字、列表、字典。字典用花括号表示，里面是键-值对。

字典可以随时添加键-值对，要指定字典名、用方括号括起来的键和相关联的值。

In [64]:
```
alien_0={'color':'green','points':5}
print(alien_0)
alien_0['x_position']=0
alien_0['y_position']=25
print(alien_0)
```

```
{'color': 'green', 'points': 5}
{'color': 'green', 'points': 5, 'x_position': 0, 'y_position': 25}
```

（2）修改字典中的值

In [66]:
```
alien_0={'color':'green'}
print("The alien is "+alien_0['color']+".")
alien_0['color']='yellow'
print("The alien is now"+alien_0['color']+'.')
```

```
The alien is green.
The alien is nowyellow.
```

In [67]:
```
alien_0={'x_position':0,'y_position':25,'speed':'medium'}
print("Original x_position:"+str(alien_0['x_position']))
if alien_0['speed']=='slow':
    x_increment=1
elif alien_0['speed']=='medium':
    x_increment=2
else:
    x_increment=3
alien_0['x_position']=alien_0['x_position']+x_increment
print("New x_position:"+str(alien_0['x_position']))
```

```
Original x_position:0
New x_position:2
```

（3）遍历字典

可访问字典 user_0 的任何一项信息，使用 for 循环可以遍历这个字典。

```
In [2]: user_0={
            'username':'efermi',
            'first':'enrico',
            'last':'fermi',
        }
        for key,value in user_0.items():
            print("\nKey:"+key)
            print("Value:"+value)
```

```
Key:username
Value:efermi

Key:first
Value:enrico

Key:last
Value:fermi
```

(4) 用 key ( ) 方法对遍历字典中的所有键进行访问

```
In [3]: favorite_languages={
            'jen':'python',
            'sarah':'c',
            'edward':'ruby',
            'phil':'python',
        }
        for name in favorite_languages.keys():
            print(name.title())
```

```
Jen
Sarah
Edward
Phil
```

(5) 在字典中存储列表

```
In [1]: pizza={
            'crust':'thick',
            'toppings':['mushrooms','extra cheese'],
        }
        print("You ordered a "+pizza['crust']+"-crust pizza"+"with the following toppings:")
        for topping in pizza['toppings']:
            print("\t"+topping)
```

```
You ordered a thick-crust pizzawith the following toppings:
        mushrooms
        extra cheese
```

(6) 在字典中存储字典

```
In [4]: users={
            'aeinstein':{
                'first':'albert',
                'last':'einstein',
                'location':'paris',
            },
        }
        for username,user_info in users.items():
            print("\nUsername:"+username)
            full_name=user_info['first']+""+user_info['last']
            location=user_info['location']
            print('\tFull name: '+full_name.title())
            print('\tLocation: '+location.title())
```

```
Username:aeinstein
        Full name: Alberteinstein
        Location: Paris
```

2.2.6 while 循环

前面的 for 循环用于针对集合中的每一个元素，而 while 循环是不断运行

的，直到条件不满足为止。

（1）循环

```
In [5]: current_number=1
        while current_number<=5:
            print(current_number)
            current_number+=1
```

```
1
2
3
4
5
```

（2）运用 while 循环让用户退出或继续

```
In [1]: prompt="\nTell me something, and I will repeat it back to you: "
        prompt+="\nEnter 'quit' to end the program."
        message=""
        while message!='quit':
            message=input(prompt)
            print(message)
```

```
Tell me something, and I will repeat it back to you:
Enter 'quit' to end the program.Hello everyone
Hello everyone

Tell me something, and I will repeat it back to you:
Enter 'quit' to end the program.quit
quit
```

（3）使用 break 语句退出循环

```
In [*]: prompt="\nPlease enter the name of a city you have visited"
        prompt+="\n(Enter 'quit' when you are finished.)"
        while True:
            city=input(prompt)
            if city=='quit':
                break
            else:
                print("I'd love to go to "+city.title()+"!")
```

```
Please enter the name of a city you have visited
(Enter 'quit' when you are finished.)QingDao
I'd love to go to Qingdao!


Please enter the name of a city you have visited
(Enter 'quit' when you are finished.)
```

使用 continue 语句，主要是返回到循环开头，根据条件决定是否进行循环。

```
In [3]: current_number=0
        while current_number<10:
            current_number+=1
            if current_number%2==0:
                continue
            print(current_number)
```

```
1
3
5
7
9
```

(4) 避免无限循环

在这个例子中，如果没有 x+=1 这一句，那么程序会陷入无限循环。

In [4]:
```
x=1
while x<=5:
    print(x)
    x+=1
```

```
1
2
3
4
5
```

for 循环不能修改列表中的元素，而 while 循环可以修改列表中的元素，在遍历列表的同时可以修改列表中的元素。

In [7]:
```
unconfirmed_users=['alice','brian','candace']
confirmed_users=[]
while unconfirmed_users:
    current_user=unconfirmed_users.pop()
    print('Verifying user:'+current_user.title())
    confirmed_users.append(current_user)
#显示所有已验证的用户
print("\nThe fellowing users have been confirmed:")
for confirmed_user in confirmed_users:
    print(confirmed_user.title())
```

```
Verifying user:Candace
Verifying user:Brian
Verifying user:Alice

The fellowing users have been confirmed:
Candace
Brian
Alice
```

(5) 删除包含特定值的所有列表元素

In [8]:
```
pets=['dog','cat','dog','goldfish','cat','rabbit','cat','rabbit','cat']
print(pets)
while 'cat' in pets:
    pets.remove('cat')
print(pets)
```

```
['dog', 'cat', 'dog', 'goldfish', 'cat', 'rabbit', 'cat', 'rabbit', 'cat']
['dog', 'dog', 'goldfish', 'rabbit', 'rabbit']
```

(6) 使用用户输入来填充字典

使用 while 循环提示用户输入信息。

In [*]:
```
responses={}
#设置一个标志，指出调查是否继续
polling_active=True
while polling_active:
    name=input('\nWhat is your name?')
    response=input("Which mountain would you like to climb someday?")
    #将答卷存储在字典中
    responses[name]=response
    #看看是否还有人要参与调查
    repeat=input("Would you like to let another person respond?(yes/no)")
    if repeat=='0':
        polling_active=False
 #调查结束，显示结果
print("\n---Poll Results ---")
for name,response in responses.items():
    print(name+"would like to climb"+response+".")
```

```
What is your name?huahua
Which mountain would you like to climb someday?taishan
Would you like to let another person respond?(yes/no)yes

What is your name?huahua

Which mountain would you like to climb someday?
```

2.2.7 函数

函数是带名字的代码块，可以完成具体的工作。调用函数就可以完成函数定义的特定的任务。

（1）打印问候语的简单函数

```
In [11]: def greet_user():
             print('Hello')
         greet_user()
```

```
Hello
```

调用函数的时候，每个实参都关联函数定义中的形参。下面的例子显示宠物信息的函数，函数指出宠物属于哪种动物以及动物的名字。

```
In [15]: def describe_pet(animal_type,pet_name):
             print("\nI have a "+animal_type+".")
             print("My "+animal_type+"'s name is "+pet_name.title()+".")
         describe_pet('hamster','harry')
```

```
I have a hamster.
My hamster's name is Harry.
```

（2）结合使用函数和 while 循环

```
In [1]: def get_formatten_name(first_name,last_name):
            full_name=first_name+' '+last_name
            return full_name.title()
        while True:
            print("\nPlease tell me your name:")
            print("(enter 'q' at any time to quit)")
            f_name=input("First name:")
            if f_name=='q':
                break
            l_name=input("last name:")
            if l_name=='q':
                break
            formatted_name=get_formatten_name(f_name,l_name)
            print("\nHello,"+formatted_name+"!")
```

```
Please tell me your name:
(enter 'q' at any time to quit)
First name:hua
last name:hua

Hello,Huahua!

Please tell me your name:
(enter 'q' at any time to quit)
First name:hi
last name:hi

Hello,Hihi!

Please tell me your name:
(enter 'q' at any time to quit)
First name:q
```

（3）在函数中修改列表

当把列表传递给函数的时候，函数就可以对列表进行修改。把打印的设计存储在一个列表中，打印后移到另一个列表中，下面的程序是用两种方法来实现的。

```
In [4]: unprinted_designs=['iphone case','robot pendant','dodecahedron']
        completed_models=[]
        while unprinted_designs:
            current_design=unprinted_designs.pop()
            print("Printing model:"+current_design)
            completed_models.append(current_design)
        print("\nThe following models have been printed:")
        for completed_model in completed_models:
            print(completed_model)
```

```
Printing model:dodecahedron
Printing model:robot pendant
Printing model:iphone case

The following models have been printed:
dodecahedron
robot pendant
iphone case
```

（4）用两个函数实现上述的功能

```
In [10]: def print_models(unprinted_designs,completed_models):
             while unprinted_designs:
                 current_design=unprinted_design.pop()
                 print("Printing model:"+current_design)
                 completed_models.append(current_design)
         def show_completed_models(completed_models):
             print("\nThe following models have been printed:")
             for completed_model in completed_models:
                 print(completed_model)
         unprinted_design=['iphone case','robot pendant','dodecahedrom']
         completed_models=[]
         print_models(unprinted_design,completed_models)
         show_completed_models(completed_models)
```

```
Printing model:dodecahedrom
Printing model:robot pendant
Printing model:iphone case

The following models have been printed:
dodecahedrom
robot pendant
iphone case
```

2.3 数据可视化

（1）用 matplotlib 绘图

matplotlib 是一个 Python 包，它具有相关功能的模块集合。利用模块可以制作图形。以三个点为例绘制图形，三个点的坐标分别为（1，2）、（2，4）

和（3,6）。通过创建两个数字列表来存储这几个点的 x 坐标，另一个存储 y 坐标。

In [1]:
```
x_numbers=[1,2,3]
y_numbers=[2,4,6]
```

In [4]:
```
from pylab import plot,show
plot(x_numbers,y_numbers)

show()
```

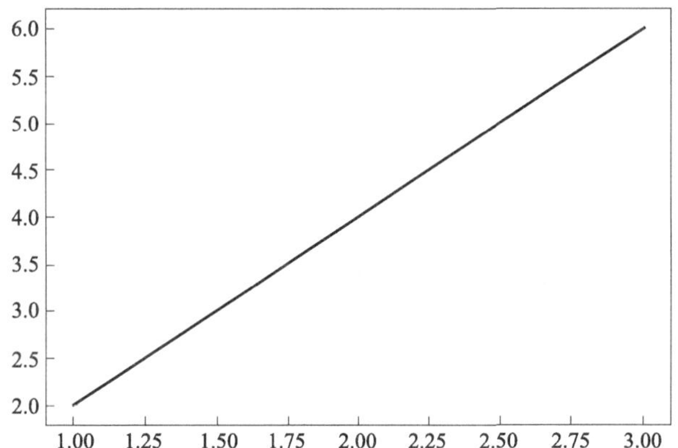

（2）在图上标注相应的点

调用 plot 函数在图上标注相应的点。

In [6]:
```
plot(x_numbers,y_numbers,marker='o')
```

Out[6]: [<matplotlib.lines.Line2D at 0x283617d0748>]

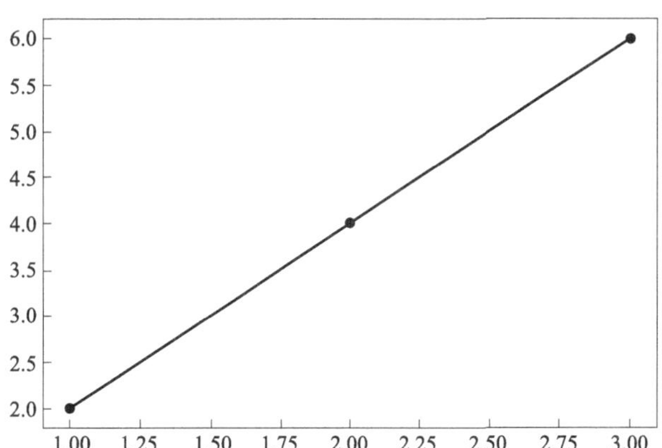

（3）绘制某市的年平均气温

```
In [19]: nyc_temp=[23.5,24.4,25.6,24.7,25.3,25.8,25.5,26,27.5,25,22.2,20,19]
         plot(nyc_temp,marker='o')
```

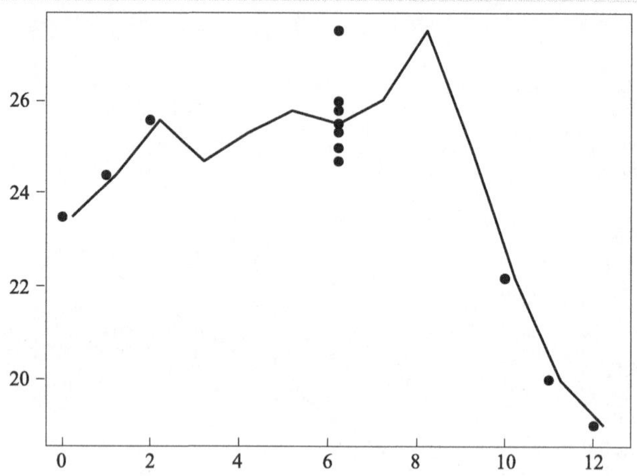

（4）比较某市月平均气温

```
In [29]: nyc_temp_2000=[31.3,32.2,28.3,29.2,27.2,28.4,29.5,28.4,28,27,23,24]
         nyc_temp_2001=[29,28,31,27,28,26,27,25,28,26,24,25]
         nyc_temp_2002=[32,29,26,28,26.2,27.4,28.5,27.4,27,26,23,25]

In [35]: months=range(1,13)
         plot(months,nyc_temp_2000,'r*',months,nyc_temp_2001,'go-',months,nyc_temp_2002,'ks:')
```

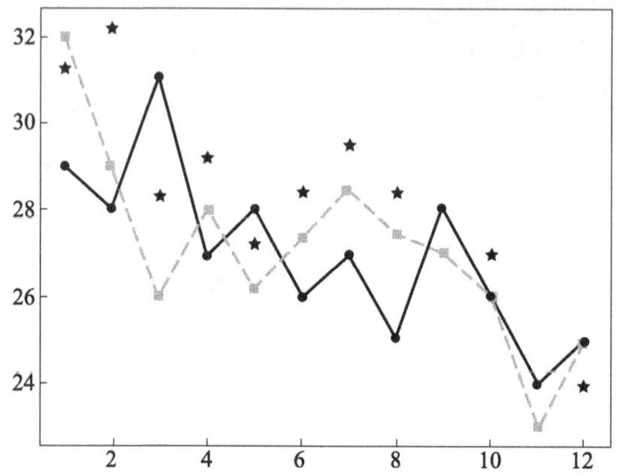

（5）自定义图形

① 添加标题和标签：使用 title（）函数添加图形的标题，使用 xlabel（）

和 ylabel () 函数添加 x 轴及 y 轴的标签。

```
In [36]: from pylab import plot,show,title,xlabel,ylabel,legend
         plot(months,nyc_temp_2000,months,nyc_temp_2001,months,nyc_temp_2002)
         title('Average monthly temperatrue in NYC')
         xlabel('Month')
         ylabel('Temperature')
         legend([2000,2001,2002])
```

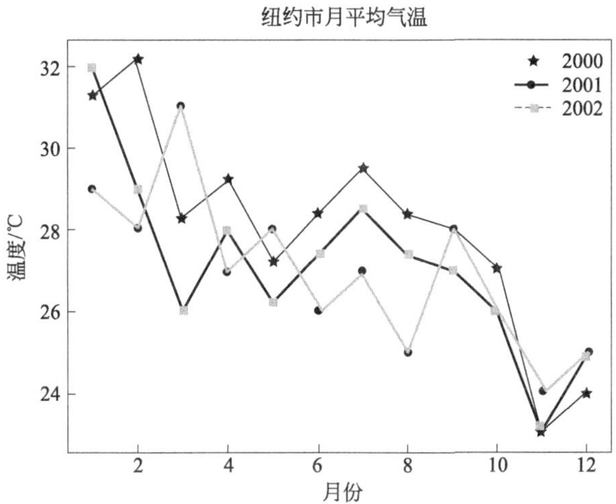

② 使用 plot 绘图。

```
In [4]: import matplotlib.pyplot
        def create_graph():
            x_numbers=[1,2,3]
            y_numbers=[2,4,6]
            matplotlib.pyplot.plot(x_numbers,y_numbers)
            matplotlib.pyplot.show()

        if __name__ =='__main__':
              create_graph()
```

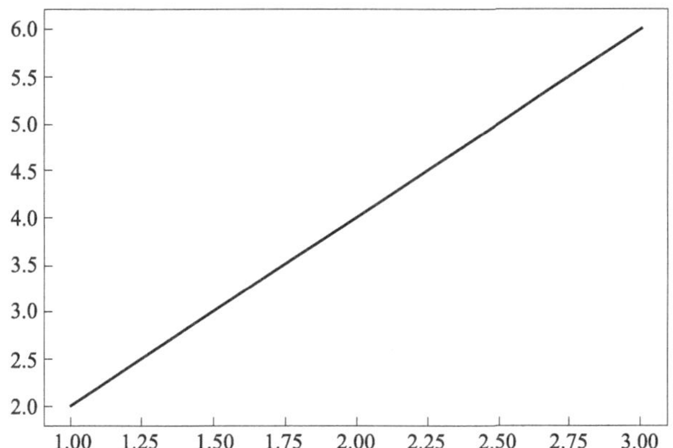

（6）保存图形

保存图形时使用函数 savefig ()。该函数将图形保存为图像文件，可以在报告或演示文稿中使用，可以选择多种图像格式，比如 PNG、PDF、SVG。

```
In [6]: from pylab import plot, savefig
x=[1, 2, 3]
y=[2, 4, 6]
plot(x, y)
savefig('mygraph.png')
```

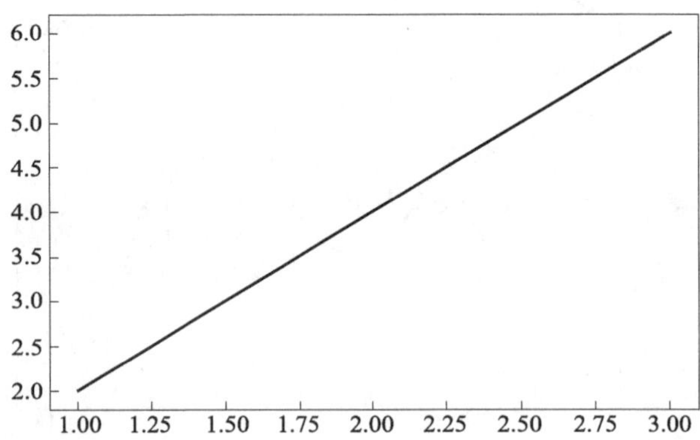

（7）用公式绘图

根据牛顿万有引力定律，质量为 m_1 的物体吸引另一个质量为 m_2 的物体的力为 F，计算公式如下。

$$F=\frac{Gm_1m_2}{r^2} \tag{2-1}$$

式中，r 是两个物体之间的距离；G 是引力常数。

举例：有两个物体，m_1 为 0.5kg，m_2 为 1.5kg，引力常数值为 $6.674\times10^{-11}\mathrm{N\cdot m^2/kg^2}$。计算这两个物体之间的 19 种不同距离的引力：100m，150m，200m，250m，300m，一直到 1000m。以下程序可以实现上述的问题求解。

```
In [12]: import matplotlib.pyplot as plt
def draw_graph(x, y):
    plt.plot(x, y, marker='o')
    plt.xlabel('Distance in meters')
    plt.ylabel('Gravitational force in newtons')
    plt.title('Gravitaitonal force and distance')
    plt.show()
def generate_F_r():
    r=range(100, 1050, 50)
    F=[]
    G=6.674*(10**-11)
    m1=0.5
    m2=1.5
    for dist in r:
        force=G*(m1*m2)/(dist**2)
        F.append(force)
    draw_graph(r, F)
if __name__ == '__main__':
    generate_F_r()
```

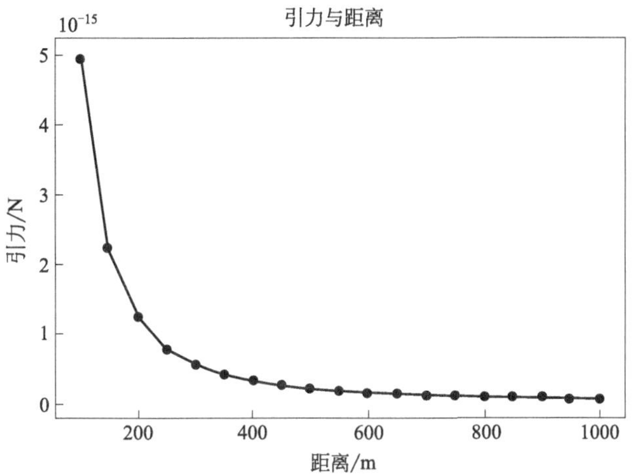

2.4 数据的统计学特征

（1）计算平均值

平均值是总结一组数字的一种常见而直观的方法，也就是平常所说的平均数。为了计算平均值需要用数字列表的总和除以列表中的项数。

```
In [1]: shortlist=[1,2,3]
        sum(shortlist)
Out[1]: 6
```

```
In [2]: len(shortlist)
Out[2]: 3
```

```
In [3]: def calculate_mean(numbers):
            s=sum(numbers)
            N=len(numbers)
            mean=s/N
            return mean
        if __name__=='__main__':
            donations=[100,60,70,900,100,200,500,500,503,600,1000,1200]
            mean=calculate_mean(donations)
            N=len(donations)
            print('Mean donation over the last {0}days is {1}'.format(N,mean))

        Mean donation over the last 12days is 477.75
```

（2）计算中位数

为了编写中位数的函数，需要对列表进行升序排列。

```
In [4]: samplelist=[4,1,3]
        samplelist.sort()
        samplelist
Out[4]: [1, 3, 4]
```

In [5]:
```
def calculate_median(numbers):
    N=len(numbers)
    numbers.sort()
    if N%2==0:
        m1=N/2
        m2=(N/2)+1
        m1=int(m1)-1
        m2=int(m2)-1
        median=(numbers[m1]+numbers[m2])/2
    else:
        m=(N+1)/2
        m=int(m)-1
        median==nubers[m]
    return median
if __name__=='__main__':
    donations=[100,60,70,900,100,200,500,500,503,600,1000,1200]
    median=calculate_median(donations)
    N=len(donations)
    print('Median donation over the last {0}days is {1}'.format(N,median))
```

```
Median donation over the last 12days is 500.0
```

(3) 计算众数

众数指的是出现频率最高的数字。要编写一个程序计算众数，应计算每个数字在列表中出现的次数，并输出最频繁出现的数字。Counter 类的 most_common () 函数可以做到。

In [1]:
```
simplelist=[4,2,1,3,4]
from collections import Counter
c=Counter(simplelist)
c.most_common()
```

Out[1]:
```
[(4, 2), (2, 1), (1, 1), (3, 1)]
```

In [2]:
```
from collections import Counter
def calculate_mode(numbers):
    C=Counter(numbers)
    mode=c.most_common(1)
    return mode[0][0]
if __name__=='__main__':
    scores=[7,8,9,2,10,9,9,9,9,4,5,6,1,5,6,7,86,1,10]
    mode=calculate_mode(scores)
    print('The mode of the list of numbers is :{0}'.format(mode))
```

```
The mode of the list of numbers is :4
```

(4) 创建频数表

通过列表的方式显示每个数出现的次数。

In [3]:
```
from collections import Counter
def frequency_table(numbers):
    table=Counter(numbers)
    print('Number\tFrequency')
    for number in table.most_common():
        print('{0}\t{1}'.format(number[0],number[1]))
if __name__=='__main__':
    scores=[7,8,9,2,10,9,9,9,9,4,5,6,1,5,67,8,6,1,10]
    frequency_table(scores)
```

```
Number  Frequency
9       5
8       2
10      2
5       2
6       2
1       2
7       1
2       1
4       1
67      1
```

(5) 数字极差的计算

数字极差指的是最大数和最小数之间的差值。

```
In [4]: def find_range(numbers):
            lowest=min(numbers)
            highest=max(numbers)
            r=highest-lowest
            return lowest,highest,r
        if __name__=='__main__':
            donations=[100,60,70,900,100,200,500,500,503,600,1000,1200]
            lowest,highest,r=find_range(donations)
            print('Lowest:{0} highest:{1} range:{2}'.format(lowest,highest,r))

        Lowest:60 highest:1200 range:1140
```

(6) 计算方差和标准差

计算每个数与平均值的差值，方差就是这些差值的平方和的平均值。方差越大说明这些数字越偏离平均值；方差越小说明这些数字越聚在平均值附近。用公式表示为

$$\text{variance}=\frac{\sum(x_i - x_{\text{mean}})^2}{n} \tag{2-2}$$

式中，x_i 表示每个数字；x_{mean} 表示平均值；n 表示数字的数量。

```
In [8]: def calculate_mean(numbers):
            s=sum(numbers)
            N=len(numbers)
            mean=s/N
            return mean
        def find_differences(numbers):
            mean=calculate_mean(numbers)
            diff=[]
            for num in numbers:
                diff.append(num-mean)
                return diff
        def calculate_variance(numbers):
            diff=find_differences(numbers)
            squared_diff=[]
            for d in diff:
                squared_diff.append(d**2)
                sum_squared_diff=sum(squared_diff)
                variance=sum_squared_diff/len(numbers)
                return variance
        if __name__=='__main__':
            donations=[100,60,70,900,100,200,500,500,503,600,1000,1200]
            variance=calculate_variance(donations)
            print('The variance of the list of numbers is {0}'.format(variance))

            std=variance**0.5

            print('The stdf the list of numbers is {0}'.format(std))

        The variance of the list of numbers is 11891.255208333334
        The stdf the list of numbers is 109.04703209319057
```

(7) 散点图

用 Python 创建一个散点图。

```
In [3]: x=[1,2,3,4]
        y=[2,4,6,8]
        import matplotlib.pyplot as plt
        plt.scatter(x,y)

        plt.show()
```

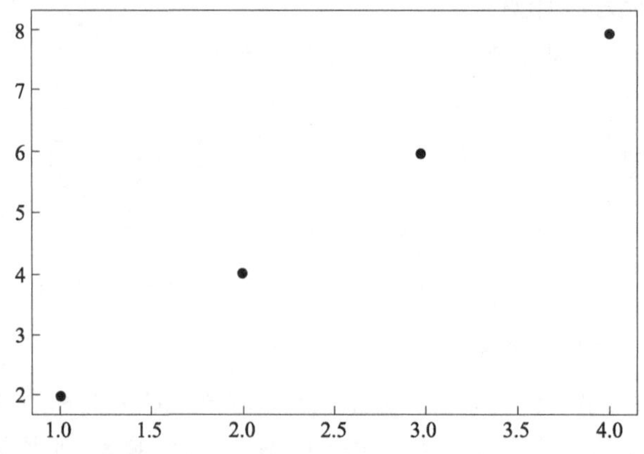

(8) 从文件中读取数据

从 CSV 格式存储数据的文件中读取数据。

```
In  [1]: def sum_data(filename):
             s=0
             with open(filename) as f:
                 for line in f:
                     s=s+float(line)
             print('Sum of the numbers:{0}'.format(s))
         if __name__=='__main__':
             sum_data('d:\\ab.txt')

         Sum of the numbers:5733.0
```

2.5 代数和符号运算问题

(1) 定义符号和符号运算

符号 Symbol 是构成符号运算的基础。在程序中使用符号，需要创建一个 Symbol 类的对象。

```
In  [20]: from sympy import Symbol
          x=Symbol('x')
          x+x+1

Out[20]:  2*x + 1
```

在语句 x=Symbol('x') 中，左侧的 x 是 Python 的标签，它指代的是符号，不是数字，是指代字符串“x”的 Symbol 对象。

定义了符号后，就可以对它们执行基本的数学运算。

```
In  [21]: from sympy import Symbol
          x=Symbol('x')
          y=Symbol('y')
          z=Symbol('z')
          s=x*y+x*y
          s
Out[21]: 2*x*y
```

（2）分解和展开表达式

factor () 函数表示分解表达式，expand () 函数表示展开表达式，将表达式表示为单个项的总和。用基本代数恒等式 $x^2-y^2=(x+y)(x-y)$ 来检验这些函数。等式的左边是展开的表达式，右边是相应的分解式。

```
In  [23]: from sympy import Symbol
          x=Symbol('x')
          y=Symbol('y')
          from sympy import factor
          expr=x**2-y**2
          factor(expr)
Out[23]: (x - y)*(x + y)
```

```
In  [24]: from sympy import expand
          factors=factor(expr)
          expand(factors)
Out[24]: x**2 - y**2
```

（3）表达式整齐输出

用函数 pprint () 可以把表达式在输出时处理得整齐些。

```
In  [26]: expr=x*x+2*x*y+y*y
          expr
Out[26]: x**2 + 2*x*y + y**2
```

```
In  [27]: from sympy import pprint
          pprint(expr)

 2            2
x  + 2 x y + y
```

（4）输出级数

考虑以下级数：$x+\frac{x^2}{2}+\frac{x^3}{3}+\frac{x^4}{4}+\cdots+\frac{x^n}{n}$，编写程序实现输入项数的级数。

```
In  [35]: from sympy import Symbol,pprint,init_printing
          def print_series(n):
              init_printing(order='rev-lex')
              x=Symbol('x')
              series=x
              for i in range(2,n+1):
                  series=series+(x**i)/i
                  pprint(series)

          if __name__=='__main__':
              n=input('Enter the number of terms you want in the series:')
              print_series(int(n))
```

Enter the number of terms you want in the series:3

$$x + \frac{x^2}{2}$$

$$x + \frac{x^2}{2} + \frac{x^3}{3}$$

(5) 用值替代符号

用 sub () 函数将值代入。

```
In  [37]: x=Symbol('x')
          y=Symbol('y')
          x*x+x*y+x*y+y*y
```

Out[37]: $y^2 + 2xy + x^2$

```
In  [39]: expr=x*x+x*y+x*y+y*y
          res=expr.sub({x:1,y:2})
          res
```

Out[39]: 9

2.6 基本数学运算

(1) Python 加减法

```
In [1]: 1+2
```

Out[1]: 3

```
In [2]: 1+3.5
```

Out[2]: 4.5

```
In [3]: -1+2.5
```

Out[3]: 1.5

（2） Python 乘除法

```
In  [4]: 3*2
Out[4]: 6
```

```
In  [5]: 3.5*1.5
Out[5]: 5.25
```

```
In  [6]: 3/2
Out[6]: 1.5
```

（3）求余数

```
In  [7]: 9%2
Out[7]: 1
```

（4）指数运算

```
In  [8]: 2**2
Out[8]: 4
```

```
In  [9]: 2**10
Out[9]: 1024
```

```
In  [11]: 8**(1/3)
Out[11]: 2.0
```

2.7 不同类型的数字

（1）分数的操作

当表达式中有一个数是浮点数时，表达式的结果将作为浮点数返回。当表达式中只有一个分数和一个整数时，结果就是分数，即使结果的分母为 1。

```
In  [12]: from fractions import Fraction
          f=Fraction(3,4)
          f
Out[12]: Fraction(3, 4)
```

```
In  [13]: Fraction(3,4)+1+1.5
Out[13]: 3.25
```

```
In  [14]: Fraction(3,4)+1+Fraction(1/4)
Out[14]: Fraction(2, 1)
```

（2）处理异常和无效输入

try-except 程序块中执行一个或多个语句，一旦执行出错，程序不会崩溃，而是输出一个 traceback。然后，程序的执行转移到 except 后的块，可以在其中执行适当的操作。

```
In  [31]: try :
              a=float(input('Enter a number: '))
          except ValueError:
              print('You entered an invalid number')

          Enter a number: 2+3j
          You entered an invalid number
```

2.8 Pandas 和 NumPy 模块

2.8.1 Pandas 模块

（1） Series 一维数据结构处理

Pandas 基于两种数据类型：一种是 Series；另一种是 DataFrame。Series 是一维的数据结构。下面是一些初始化 Series 的方法，先把 Pandas 加载进来。Pandas 的引入：import pandas as pd。

```
In  [4]: import pandas as pd
         a=pd.Series([4,'QingDao',3.14,-2,"Hello"])
         a

Out[4]: 0          4
        1    QingDao
        2       3.14
        3         -2
        4      Hello
        dtype: object
```

Pandas 默认用 0 到 $n-1$ 作为 Series 的 index（上面的程序结果中的 0,1,2,3,4）。

index 也可以自己指定。

```
In  [7]: import pandas as pd
         a=pd.Series([4,'QingDao',3.14,-2,"Hello"],index=["A","B","C","D","E"])
         a

Out[7]: A          4
        B    QingDao
        C       3.14
        D         -2
        E      Hello
        dtype: object
```

用字典来构造一个 Series，看起来比较规整。

```
In [8]: import pandas as pd
        flowers={'玫瑰':8,'月季':10,'牡丹':20,'满天星':35,'蓝色妖姬':50}
        a=pd.Series(flowers,name="数量")
        a
Out[8]: 玫瑰       8
        月季      10
        牡丹      20
        满天星     35
        蓝色妖姬    50
        Name: 数量, dtype: int64
```

Series 的处理功能比 list 更加强大，可以用下标切片的方式读取其中的数据，比如取 a[1:3]。

```
In [10]: import pandas as pd
         flowers={'玫瑰':8,'月季':10,'牡丹':20,'满天星':35,'蓝色妖姬':50}
         a=pd.Series(flowers,name="数量")
         a[1:3]
Out[10]: 月季    10
         牡丹    20
         Name: 数量, dtype: int64
```

或者取 a[:-1]，从开头到倒数第一个数据。

```
In [11]: a[:-1]
Out[11]: 玫瑰      8
         月季     10
         牡丹     20
         满天星    35
         Name: 数量, dtype: int64
```

或者用 Series 独有的方式取其中的数据。

```
In [14]: a[[1,4,3]]
Out[14]: 月季      10
         蓝色妖姬    50
         满天星     35
         Name: 数量, dtype: int64
```

两个 Series 相加。

```
In [15]: a[1:2]+a[:-1]
Out[15]: 月季     20.0
         满天星     NaN
         牡丹      NaN
         玫瑰      NaN
         Name: 数量, dtype: float64
```

从得到的结果可以看出，两个 Series 相加，是 index 对齐的方式相加，因此结果有几个 NaN。

若数据小于 50，则运用 Series 处理。

```
In [18]: a[a<50]
Out[18]: 玫瑰      8
         月季     10
         牡丹     20
         满天星    35
         Name: 数量, dtype: int64
```

求中位数。

```
In [19]: a.median()
Out[19]: 20.0
```

统计计算。

```
In [21]: a[a<a.median()]
Out[21]: 玫瑰     8
         月季    10
         Name: 数量, dtype: int64
```

```
In [22]: a<a.median()
Out[22]: 玫瑰       True
         月季       True
         牡丹      False
         满天星     False
         蓝色妖姬    False
         Name: 数量, dtype: bool
```

Series 元素的赋值。

```
In [24]: a['蓝色妖姬']=90
         a
Out[24]: 玫瑰       8
         月季      10
         牡丹      20
         满天星     35
         蓝色妖姬    90
         Name: 数量, dtype: int64
```

Series 的数学运算。

```
In [25]: a/2
Out[25]: 玫瑰       4.0
         月季       5.0
         牡丹      10.0
         满天星     17.5
         蓝色妖姬    45.0
         Name: 数量, dtype: float64
```

```
In [26]: a**3
Out[26]: 玫瑰        512
         月季       1000
         牡丹       8000
         满天星     42875
         蓝色妖姬   729000
         Name: 数量, dtype: int64
```

(2) DataFrame 数据结构处理

DataFrame 数据结构就是一张表格，它是一个二维数组，DataFrame 可以看作是 Series 的集合。

DataFrame 可以由一个字典构造得到。

```
In [39]: import pandas as pd
         flowers={'花':['玫瑰','月季','牡丹','蓝色妖姬','满天星',],'数量':[8,10,12,14,18]}
         a=pd.DataFrame(flowers)
         a
```

Out[39]:

	花	数量
0	玫瑰	8
1	月季	10
2	牡丹	12
3	蓝色妖姬	14
4	满天星	18

DataFrame 的列可以指定。

```
In [56]: b=pd.DataFrame(a,columns=['数量','花'])
         b
```

Out[56]:

	数量	花
0	8	玫瑰
1	10	月季
2	12	牡丹
3	14	蓝色妖姬
4	18	满天星

可以进行相加、相乘计算（以 index 对齐的方式进行计算）。

```
In [88]: d=[{"lili":3000,"meimei":5000,"huanhuan":8000,"juanjuan":10000},{"lili":5000,"meimei":6000,"huanhuan":9000,"juanjuan":1200}]
         c=pd.DataFrame(d,columns=['lili','meimei','huanhuan','juanjuan'],index=['A','B'])
         c
```

Out[88]:

	lili	meimei	huanhuan	juanjuan
A	3000	5000	8000	10000
B	5000	6000	9000	1200

```
In [90]: c['total']=c['lili']*9+c['meimei']
         c
```

Out[90]:

	lili	meimei	huanhuan	juanjuan	total
A	3000	5000	8000	10000	32000
B	5000	6000	9000	1200	51000

其中元素的两种取法如下。

```
In [91]: c[['lili']]
```

Out[91]:

	lili
A	3000
B	5000

```
In [92]: c['lili']

Out[92]: A    3000
         B    5000
         Name: lili, dtype: int64
```

取法不同表示的意思也不同，一个中括号表示 Series，两个中括号表示

DataFrame。

如果取行和列可以用 loc。

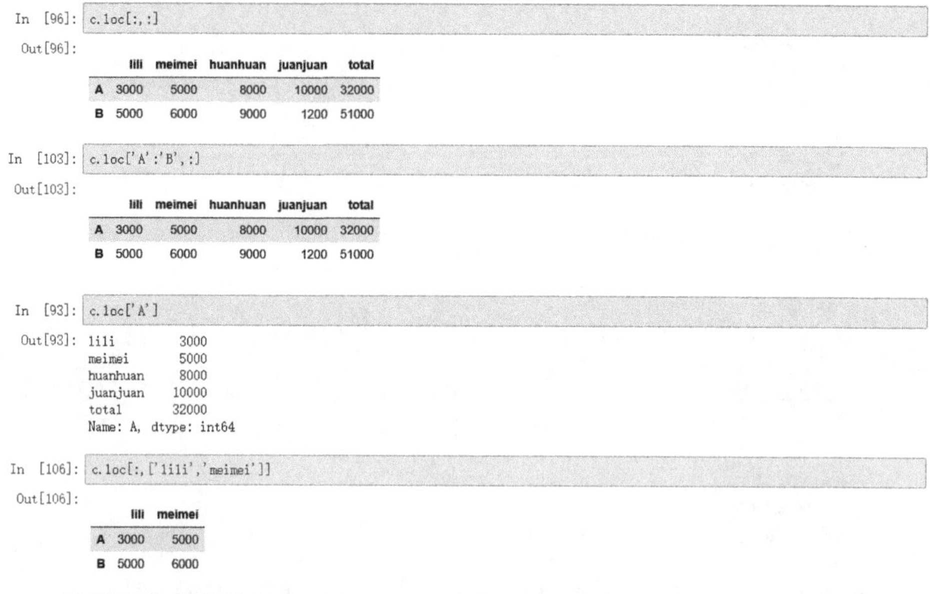

```
In [96]: c.loc[:,:]
Out[96]:
```

	lili	meimei	huanhuan	juanjuan	total
A	3000	5000	8000	10000	32000
B	5000	6000	9000	1200	51000

```
In [103]: c.loc['A':'B',:]
Out[103]:
```

	lili	meimei	huanhuan	juanjuan	total
A	3000	5000	8000	10000	32000
B	5000	6000	9000	1200	51000

```
In [93]: c.loc['A']
Out[93]: lili        3000
         meimei      5000
         huanhuan    8000
         juanjuan   10000
         total      32000
         Name: A, dtype: int64
```

```
In [106]: c.loc[:,['lili','meimei']]
Out[106]:
```

	lili	meimei
A	3000	5000
B	5000	6000

进行多个条件的组合。

```
In [109]: c.loc[(c['lili']==3000)&(c['meimei']==5000)&(c['juanjuan']>1200),:]
Out[109]:
```

	lili	meimei	huanhuan	juanjuan	total
A	3000	5000	8000	10000	32000

也可以转置。

```
In [110]: c.T
Out[110]:
```

	A	B
lili	3000	5000
meimei	5000	6000
huanhuan	8000	9000
juanjuan	10000	1200
total	32000	51000

读文件并看它的前两行。

```
In [5]: df=pd.read_csv('e:\\2020\\data3.txt',sep='\t')

        df.shape
        df.head(2)
Out[5]:
```

	xuhao	leibie	Unnamed: 2	Unnamed: 3	Unnamed: 4	Unnamed: 5	Unnamed: 6	Unnamed: 7	Unnamed: 8	Unnamed: 9	...	Unnamed: 760	Unnamed: 761	Unnamed: 762	Unnamed: 763
0	16	R	-0.470793	-0.249510	0.213251	0.375241	0.038111	-0.390818	-0.508821	-0.319416	...	-0.136335	0.133852	0.328925	0.375394
1	16	R	-0.567436	0.270887	0.391875	-0.414986	-1.106893	-0.890131	-0.212547	-0.037947	...	-0.665119	-0.713151	0.036725	0.597642

2 rows × 770 columns

了解数据的统计特性。

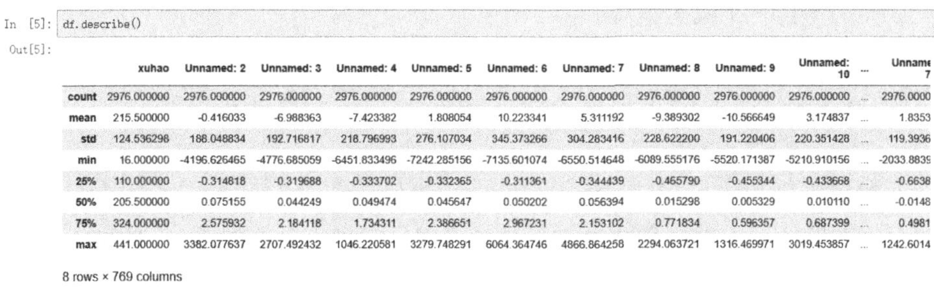

```
In [5]: df.describe()
```

Out[5]:

	xuhao	Unnamed: 2	Unnamed: 3	Unnamed: 4	Unnamed: 5	Unnamed: 6	Unnamed: 7	Unnamed: 8	Unnamed: 9	Unnamed: 10	...	Unname 7
count	2976.000000	2976.000000	2976.000000	2976.000000	2976.000000	2976.000000	2976.000000	2976.000000	2976.000000	2976.000000	...	2976.0000
mean	215.500000	-0.416033	-6.988363	-7.423382	1.808054	10.223341	5.311192	-9.389302	-10.566649	3.174837	...	1.8353
std	124.536298	188.048834	192.716817	218.796993	276.107034	345.373266	304.283416	228.622200	191.220406	220.351428	...	119.3936
min	16.000000	-4196.626465	-4776.685059	-6451.833496	-7242.285156	-7135.601074	-6550.514648	-6089.555176	-5520.171387	-5210.910156	...	-2033.8839
25%	110.000000	-0.314818	-0.319688	-0.333702	-0.332365	-0.311361	-0.344439	-0.465790	-0.455344	-0.433668	...	-0.6638
50%	205.500000	0.075155	0.044249	0.049474	0.045647	0.050202	0.056394	0.015298	0.005329	0.010110	...	-0.0148
75%	324.000000	2.575932	2.184118	1.734311	2.386651	2.967231	2.153102	0.771834	0.596357	0.687399	...	0.4981
max	441.000000	3382.077637	2707.492432	1046.220581	3279.748291	6064.364746	4866.864258	2294.063721	1316.469971	3019.453857	...	1242.6014

8 rows × 769 columns

文件的写入如下。

```
In [8]: df.to_csv('d:/temp.csv')
```

把文件写入 d 盘下的文件 temp 中。

2.8.2 NumPy 模块

NumPy 是 Python 机器学习技术栈的基础。NumPy 对机器学习中常用的数据结构——向量、矩阵、张量进行高效的操作。

(1) 使用 NumPy 创建一个一维数组

加载库。

```
In [2]: #加载库
        import numpy as np
```

创建一个行向量。

```
In [3]: #创建一个行向量
        a=np.array([1,2,3])
```

创建一个列向量。

```
In [4]: #创建一个列向量
        b=np.array([[1],
                    [2],
                    [3]])
```

(2) 创建一个二维矩阵

加载库，创建一个二维矩阵。

```
In [5]: import numpy as np
        matrix=np.array([[1,2],
                         [1,2],
                         [1,2]])
```

(3) 创建一个稀疏矩阵

```
In [6]: #加载库
        import numpy as np
        from scipy import sparse
        matrix=np.array([[0,0],
                         [0,1],
                         [3,0]])
```

(4) 创建一个压缩的稀疏行(Compressed Sparse Row, CSR)矩阵

```
In [7]: import numpy as np
        from scipy import sparse
        matrix_sparse=sparse.csr_matrix(matrix)
```

① 在机器学习中，数据集很大，并且其中大部分数据为零的情况很常见。稀疏矩阵只保存非零数字，如下例子只保存 1 和 3。

```
In [8]: #查看稀疏矩阵
        print(matrix_sparse)

  (1, 1)        1
  (2, 0)        3
```

② 创建一个更大的矩阵。

```
In [9]: a=np.array([[0,0,0,0,0,0,0,0,0,0],
                    [0,1,0,0,0,0,0,0,0,0,0],
                    [3,0,0,0,0,0,0,0,0,0,0]])
```

③ 创建 CSR 矩阵。

```
In [13]: matrix_large_sparse=sparse.csr_matrix(a)
         print(a_sparse)

  (0, 0)        1
  (0, 1)        2
  (0, 2)        3
```

这个矩阵增加了很多元素，但是和原来那个稀疏矩阵还是一样的，增加的零元素没有改变稀疏矩阵的大小。

(5) 选择元素

① 创建一个行向量，选择向量的第三个元素。

```
In [14]: import numpy as np
         vector=np.array([1,2,3,4,5,6])
         #选择向量的第三个元素
         vector[2]

Out[14]: 3
```

② 创建矩阵，选择矩阵第二行第二列。

```
In [15]: matrix=np.array([[1,2,3],[4,5,6],[7,8,9]])
         matrix[1,1]

Out[15]: 5
```

③ 选取第二个元素中的所有元素。

```
In  [16]: vector[2:]
```

```
Out[16]: array([3, 4, 5, 6])
```

④ 选取最后一个元素。

```
In  [17]: vector[-1]
```

```
Out[17]: 6
```

⑤ 选取矩阵的第一行和第二行以及所有列。

```
In  [18]: matrix[:2,:]
```

```
Out[18]: array([[1, 2, 3],
                [4, 5, 6]])
```

(6)查看行数和列数

```
In  [19]: #加载库
          import numpy as np
          #创建矩阵
          matrix=np.array([[1,2,3,4],
                           [5,6,7,8],
                           [9,10,11,12]])
          #查看行数和列数
          matrix.shape
```

```
Out[19]: (3, 4)
```

(7)查看元素的数量(行数×列数)

```
In  [20]: matrix.size
```

```
Out[20]: 12
```

(8)查看维数

```
In  [21]: matrix.ndim
```

```
Out[21]: 2
```

(9)对多个元素同时应用某个操作

```
In  [24]: #加载库
          import numpy as np
          #创建一个矩阵
          matrix=np.array([[1,2,3],
                           [4,5,6],
                           [7,8,9]])
          #创建一个函数,返回输入值加上100以后的值
          add_100=lambda i :i+100
          #创建向量化的函数
          vectorized_add_100=np.vectorize(add_100)
          #对矩阵的所有元素应用这个函数
          vectorized_add_100(matrix)
```

```
Out[24]: array([[101, 102, 103],
                [104, 105, 106],
                [107, 108, 109]])
```

（10）找到最大值和最小值

```
In [25]: #加载库
         import numpy as np
         #创建一个矩阵
         matrix=np.array([[1,2,3],
                          [4,5,6],
                          [7,8,9]])
         #返回最大的元素
         np.max(matrix)
Out[25]: 9
```

```
In [26]: #加载库
         import numpy as np
         #创建一个矩阵
         matrix=np.array([[1,2,3],
                          [4,5,6],
                          [7,8,9]])
         np.min(matrix)
Out[26]: 1
```

（11）计算平均值、方差和标准差

① 返回平均值。

```
In [27]: #加载库
         import numpy as np
         #创建一个矩阵
         matrix=np.array([[1,2,3],
                          [4,5,6],
                          [7,8,9]])
         #返回平均值
         np.mean(matrix)
Out[27]: 5.0
```

② 返回方差。

```
In [28]: #返回方差
         np.var(matrix)
Out[28]: 6.666666666666667
```

③ 返回标准差。

```
In [29]: #返回标准差
         np.std(matrix)
Out[29]: 2.581988897471611
```

④ 求每一列的平均值。

```
In [30]: np.mean(matrix,axis=0)
Out[30]: array([4., 5., 6.])
```

（12）改变一个数组的形状（不改变元素值的前提下）

```
In [31]: #加载库
         import numpy as np
         #创建一个4*3的矩阵
         matrix=np.array([[1,2,3],
                          [4,5,6],
                          [7,8,9],
                          [10,11,12]])
         #将该矩阵变形为2*6的矩阵
         matrix.reshape(2,6)
Out[31]: array([[ 1,  2,  3,  4,  5,  6],
                [ 7,  8,  9, 10, 11, 12]])
```

① 查看矩阵的大小。

```
In [32]: matrix.size
Out[32]: 12
```

② reshape（1，—1）表示矩阵的行数为 1，列数可以根据需要填充。

```
In [34]: matrix.reshape(1,-1)
Out[34]: array([[ 1,  2,  3,  4,  5,  6,  7,  8,  9, 10, 11, 12]])
```

③ 整数作为参数，reshape 会返回一个长度为该整数值的一维数组。

```
In [33]: matrix.reshape(12)
Out[33]: array([ 1,  2,  3,  4,  5,  6,  7,  8,  9, 10, 11, 12])
```

（13）转置向量或矩阵

```
In [35]: #加载库
         import numpy as np
         #创建一个矩阵
         matrix=np.array([[1,2,3],
                          [4,5,6],
                          [7,8,9]])
         #转置一个矩阵
         matrix.T
Out[35]: array([[1, 4, 7],
                [2, 5, 8],
                [3, 6, 9]])
```

（14）计算矩阵的秩

使用 flatten 将矩阵展开。

```
In [36]: #加载库
         import numpy as np
         #创建一个矩阵
         matrix=np.array([[1,2,3],
                          [4,5,6],
                          [7,8,9]])
         #将矩阵展开
         matrix.flatten()
Out[36]: array([1, 2, 3, 4, 5, 6, 7, 8, 9])
```

flatten 将矩阵转换成一维数组，reshape 用于创建一个行向量。

第3章

大数据基础

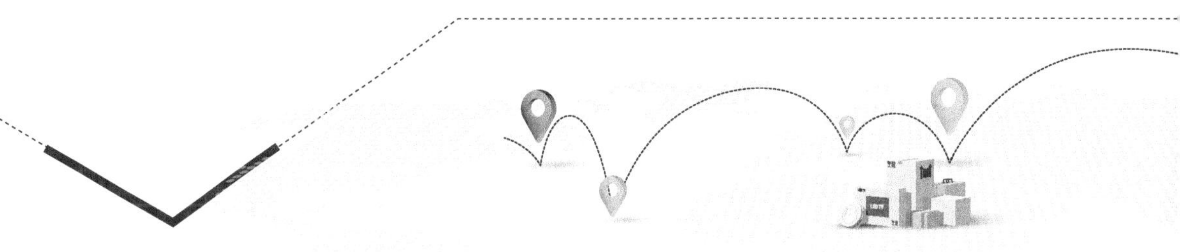

3.1 大数据

3.1.1 交通运输

《辞海》对交通的解释为：各种运输和邮电通信的总称，即人和物的转运输送和信息的传递播送。

从专业角度一般可以认为交通是指：运输工具在运输网络上的流动。

交通的含义习惯特指运输工具在运输网络上的流动。

《辞海》对运输的解释是：使用适当的工具和设备，改变人和物的空间位置的活动。

交通强调的是运输工具（交通工具）在运输网络上的流动情况，而与交通工具上所载运人员及物资的有无和多少没有关系。运输强调的是运输工具上载运人员与物资的多少、位移的距离，而并不特别关心使用何种交通和运输方式。两者既有区别又有联系。

现代运输方式概念主要包括专业知识、运用模型、数据、存储、挖掘、预测和分类。数据化时代的到来为交通运输的现代运输方式提供了更多的可能性。数据与数据化思维，拥有大数据的理念，能够掌握数据和运用数据成为下一个交通运输领域未来发展的方向。培养大数据的思维是非常重要的，用数据来说话，用数据来证明，用数据来预测，一切的评估都要定量化。

3.1.2 交通大数据特征

（1）大数据

对大数据，各个机构有其不同的定义。

Gartner：需要新处理模式才能具有更强的决策力、洞察发现力和流程优化能力的海量、高增长率和多样化的信息资产。

麦肯锡：一种规模大到在获取、存储、管理、分析方面大大超出了传统数据库软件工具能力范围的数据集合，具有海量的数据规模、快速的数据流转、多样的数据类型和价值密度低四大特征。

大数据的特点：体量浩大、多源异构、生成快速、价值稀疏等。大数据研究的目标是实现将大数据转换为价值。

社会经济的快速发展促使城市机动车辆数量大量增加，原有的交通管理方式不再适应庞大的交通系统，需要找到更好的解决方案，而大数据提供了更好的便利。交通模型是城市交通定量分析的重要工具，研究人、车、物的移动规律，在大数据的基础上模拟城市交通特征，标定模型参数，然后进行交通需求的预测。在大数据的基础上，大量的多元化数据，从现象探究交通的本质，需要在既有的交通模型的理论架构下，根据大数据的特征来改进交通模型的方法体系，这是未来交通模型的发展所面临的巨大挑战。交通模型的参数可以利用交通调查数据和专业的应用软件进行标定，交通调查数据包括传统的人工调查和信息化技术采集到的如公交 IC 卡数据、车载 GPS 数据等大数据。传统的交通模型技术处理过程一般是数据综合、参数标定、结果计算、决策分析，而大数据的技术处理过程一般是特征挖掘、融合分析、关联分析、决策分析。大数据和交通模型具有互补的作用，一方面模型的精度需要利用大数据来提高，另一方面交通模型结合大数据可以分析出更多成果。

（2）交通大数据

交通大数据具备大数据的“6V”特征。

① 体量巨大。

② 更新速度快。

③ 模态多样。

④ 真假共存。

⑤ 可视化强。

⑥ 价值丰富。

同时，交通大数据还具有“3C”特征。

① 时空连续性。

② 复杂性。

③ 关联性。

3.1.3 大数据技术

单台服务器无法独立完成大数据处理任务，因此多种并行计算框架产生。典型的分布式并行计算框架主要有 Google MapReduce 计算框架的开源实现 Hadoop，Microsoft 的 Dryad，CMU 的图计算并行框架 Graph Lab，UCB 的并行计算框架 Spark 等。

Hadoop是这些并行计算框架中目前最流行和使用最多的平台之一，Hadoop是由Apache软件基金会研发的一种开源、高可靠、伸缩性强的分布式计算系统，它采用Java语言开发，主要用于处理1TB以上的海量数据，对Google的MapReduce核心技术的开源实现。由于Spark具有超高的计算效率和极强的容错性，也是目前高性能计算的主流技术。

3.2 Hadoop大数据平台

（1） Hadoop

Hadoop的核心组件为HDFS和MapReduce，还包括Hadoop YARN、Chukwa、HBase、Hive、Mahout、Pig、Spark和ZooKeeper等大数据工具。这些一系列的大数据工具统称为Hadoop生态系统。Hadoop的典型应用主要有搜索、数据分析、数据保存、视频图像分析等。

Hadoop分布式文件系统（Hadoop Distributed File System，HDFS）专门用于存储分布式文件。由于大数据的数据量大，因此需要找一个可以存放数据的地方。HDFS提供存储技术，它将文件分成很多块分布到各个计算机上，通常一个文件分块是64M，通过借助成千上万台计算机实现大量的数据存储，这些成千上万台计算机可以是很廉价的个人计算机。HDFS的存储有很高的可靠性，因为在存储的时候，HDFS把一份文件复制很多份存放在不同的计算机上，即使有一个计算机损坏了，数据也不会丢失。HDFS的存储对于用户来说，使用起来没有任何变化。它针对大数据进行存储，小的数据反而不适合。

HDFS的原理就是把一个大文件的数据分布到不同的计算机上，其中，主节点用来存储整个文件系统的目录信息、文件信息及分块信息。然后把每一块分布到不同的计算机上，每个计算机相当于一个分节点，如图3-1所示。

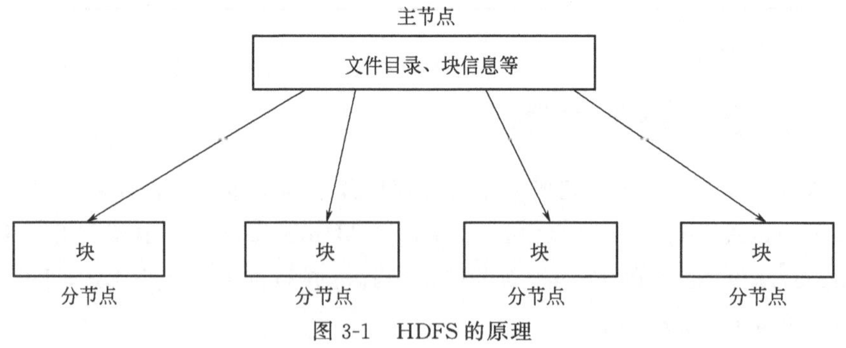

图3-1 HDFS的原理

在对文件进行操作的时候，需要知道所要操作文件的三个位置：第一个位置是在本地计算机上；第二个位置是在服务器上；第三个位置是在集群上。在本地计算机上操作大家基本熟悉了，如果要操作服务器上的文件，需要连入服务器的地址，然后在服务器上进行操作。在服务器上操作的时候，所有带有 Hadoop 命令显示的都是在集群上的文件操作。

HDFS 常见的命令如下。

① 查看本地计算机文件夹 fmg 下的情况用的命令：fmg ls。可以看到 fmg 下的文件信息显示为 img，这说明 fmg 下面有一个文件 img。

② 删除本地计算机文件夹 fmg 的命令：fmg rm-rf img。fmg 文件夹里面的文件信息就不见了。

③ 在 fmg 文件夹下创建一个文件 tmg 用的命令：fmg mkdir tmg。

④ 把一个文件 total. py 的内容复制到另一个文件 tmp. py 中用的命令：fmg cp total. py tmp. py。

如果登录到服务器上操作则需要连入服务器，通过 ssh 这个命令接入（服务器的地址），就可以连入服务器，然后对服务器上的文件进行操作。

① 查看服务器上的文件夹用的命令：ls/（查看服务器上所有的根目录文件）。

② 在服务器上也可以对集群上的文件进行操作，比如想查一下集群的根目录，可以使用的命令：hadoop fs-ls/（查看集群根目录上所有的文件）。

③ 在集群上新建一个文件夹并命名为 1122 使用的命令：hadoop fs-mkdir/1122。

④ 把服务器本地的文件 lmg 传到 Hadoop 集群上使用的命令：hadoop fs put lmg/1122。

（2） MapReduce

数据存放在 HDFS 之后，需要使用 MapReduce 对其进行处理。MapReduce 是计算框架，它是一种并行编程模型，能处理大规模数据集，可以在 Hadoop 集群上执行并行计算任务，Hadoop 是由上千台计算机组成的集群。

通过 MapReduce，上千台计算机共同计算同一个问题，用大量的计算机去解决大数据问题。MapReduce 分为 Map 和 Reduce 两个阶段：在 Map 阶段，主要把数据划分为很多个部分，并将这些数据解析成 Key-value 的形式；在 Reduce 阶段，数据按照 Key 再一次划分到不同的计算机上，于是每个计算机对数据进行计算，得到最终的结果。

Map 可把大数据拆分成小块进行计算，然后把计算出来的结果传给 Reduce，运用 Reduce 再去计算和汇总。Map 阶段和 Reduce 阶段需要自己去编写代码。

（3） Spark 实时计算平台

Spark 与 MapReduce 一样都是分布式计算，Spark 是后来发展起来的一种分布式计算方式，在某种程度上，Spark 的执行速度要快于 MapReduce。Spark 还提供很多高层次封装，功能丰富程度高于 MapReduce。使用 Spark 有时候只需要一行代码就可以解决 group、sort 等计算过程。它可以使用简单几行代码实现复杂的过程。Spark 能够运行 MapReduce、数据挖掘、图运算、流式运算等多种框架。Spark 与 Hadoop 集成能够直接读写 HDFS 的数据。现在，使用 Spark 的 API 方式编写代码很简洁。

Spark 的运行架构由三部分组成：SparkContext（驱动程序）、ClusterManager（集群资源管理器）、Executor（任务执行进程）。SparkContext 提交作业，向 ClusterManager 申请 Executor 资源，ClusterManager 会根据情况来分配资源。Executor 按照一定的调度执行任务。

Spark 通过 SparkContext 连接 Spark 集群、创建 RDD（弹性分布式数据集）、创建累加器等。

① 弹性分布式数据集（Resilient Distribute Dataset，RDD）。在 Spark 里，所有的计算任务都被组织成一系列的 transformations（转换）和 action（动作）。RDD 就是一个数据集合，只不过不同的是，这些数据集合被分配到不同的节点上（Executor）进行并行处理。

经过 Pandas 对数据进行处理后，可以通过初始化命令把这些数据转换成 RDD 的方式在 Spark 上运行。如果有一份 Python 的 list 数据，可以通过 sc. parallelize 去初始化一个 RDD。当初始化 RDD 后，list 中的元素会自动分块，并把每一块都送到集群的不同计算机上。对于大数据来说，在 Spark 上运行会更快地得到结果。

初始化 RDD 的命令为 rdd＝sc. parallelize（list1）。

如果想看到 RDD 分块情况，可以用命令 getNumPartitions 函数来查询：rdd. getNumPartitions（）。

如果数据在文本中，RDD 的初始化使用这个命令（tem 中的 bb. txt 文件）：rdd＝sc. textFile（“file：//”＋cwd＋“/tem/bb. txt”）。

② RDD transformations 和 action。

transformations 可以对 RDD 数据进行各种操作，比如排序、各种计算操

作等，得到一个新的 RDD。

常用的 transformations 如下。

```
• map()          //对 RDD 中的数据进行同一个操作
• flatMap()      //筛选条件
• sample()       //有放回或者无放回地采用一部分数据
• sortBy()       //对 RDD 中的数据进行排序
```

在 RDD 中进行的 transformations，并不立即执行，只有通过 action 后才真正起作用。当遇到 action 时，才真正执行。

常用的 action 函数如下。

```
• collect()          //查看 RDD 中的内容,把所有的数据转成一个 Python 的 list
• reduce()           //对 RDD 做聚合
• count()            //对 RDD 统计数量
• take(n)            //返回 n 个 item
• first()            //返回第一个 item
• top(n)             //返回头 n 个 item
• transformations //遇到 action 就会执行
```

以上是在处理大数据的时候的一些简单操作，由于大多数情况下在处理数据的时候还是没有足够的条件进行大数据的这些操作，在这里不再多余讲述了。

(4) 数据挖掘

交通研究需要大数据作为支撑，也需要交通智能化的发展。进行理论研究的同时需要大量的数据作为“原料”。分析数据是一种重要的需求。

数据挖掘是从数据中发现知识。知识发现过程由以下步骤组成。

① 数据清理：消除噪声和删除不一致数据。

② 数据集成：多种数据源可以组合在一起。

③ 数据选择：从数据库中提取和分析与任务相关的数据。

④ 数据变换：通过汇总或聚集操作，把数据变换和统一成适合挖掘的形式。

⑤ 数据挖掘：基本步骤，使用智能方法提取数据模式。

⑥ 模式评估：根据某种兴趣度度量，识别代表知识的真正有趣的模式。

⑦ 知识表示：使用可视化和知识表示技术，向用户提供挖掘的知识。

数据挖掘被视为知识发现过程的一个基本步骤。

3.3 大数据与人工智能

数据规模呈指数增长的这些大量数据，需要对其进行合理的分析与处理，并送到后续的模型中去建模。人工智能需要有大数据做支撑，尤其是深度学习需大量的数据去进行训练，当大量的数据增加时，过拟合等问题会大大减少。

人工智能主要有以下三个分支。

① 基于规则的人工智能。

② 无规则，计算机读取大量数据，进行智能处理的人工智能。

③ 基于神经网络的深度学习。

基于规则进行处理，不适合实用化。人工智能的研究领域实际上就是后两者。后两者得以实践，主要是有大量数据产生，并且有存储器将其存储，有高速的 CPU 进行处理。

大数据分为结构化数据与非结构化数据。结构化数据是指销售数据、经营数据、交通数据等，存储于普通的数据库里，可作为数据库进行管理的数据。非结构化数据是指不存储于数据库里，比如图像、视频、文本文件、电子邮件等。

目前，非结构化数据大量增加，很多数据都是非结构化数据。复杂、海量的数据通常称为大数据。

大数据经过分析后可以提取其中隐藏的数据，提供有意义的建议来辅助制定决策。通过数据分析，可以从杂乱无章的数据中提炼有价值的信息，找出所研究对象的内在规律。

根据数据分析深度，可将数据分析分为 3 个层次：描述性分析、预测性分析和规则性分析。描述性分析基于历史数据来描述发生的时间。比如利用回归分析从数据集中发现简单的趋势，借助可视化技术来更好地表示数据的特征。预测性分析用于预测未来发生的概率和演化趋势。比如，预测性模型使用对数回归和线性回归等统计技术发现数据趋势并且预测未来的结果。规则性分析用于进行决策制定和提高分析效率。比如，利用仿真分析复杂系统，了解系统行为并发现问题，通过优化技术在给定约束条件下得出最优的解决方案。

按照数据分析的实时性可以把数据分析分为实时数据分析和离线数据分析。实时数据分析也称为在线数据分析，能够实时处理用户的需求，用户可以随时更改分析的约束和限制条件。在线分析与用户有着良好的交互体验，比如交通导航。离线数据分析是指将数据采集工具得到的数据导入平台进行分析，适合对反馈时间没有要求的场合。

按照数据量的大小，数据分析可以分为内存级数据分析、BI 级数据分析和海量级数据分析。内存级数据分析指数据量不超过计算机内存的最大值，一般在 TB 级以下，内存分析适合实时业务分析需求。BI 级数据分析指的是对于内存来说过大的数据量，放入专用 BI 数据库中进行分析。海量级数据分析指的是对于内存级和 BI 级数据分析完全失效或成本过高的数据量。比如，用 Hadoop 的 HDFS 分布式文件系统来存储，并使用 MapReduce 进行分析的数据。

在统计学的领域中，数据分析可以划分为描述性统计分析、探索性数据分析及验证性数据分析 3 种类型。

3.4 探索性数据分析

数据的筛选、重组、结构化、预处理等都属于探索性数据分析的范畴。探索性数据分析是后续工作的基石。

探索性数据分析主要包括数据的预处理和数据的探索性分析。数据的预处理是指对数据进行清洗、转化、重组和筛选。数据的探索性分析包括基本的五数概括、数据分布以及简单的相关分析和方差分析等。

数据的收集是整个数据分析项目的原点，没有收集来的数据，什么数据分析技术都是纸上谈兵。数据收集一般包括通过相关的公开网站下载的数据包、根据自身情况提出的特定问题进行专门收集的现实的数据、实验室得到的数据等。

在真实的生活中，收集的数据往往不能直接用于高级数据分析，因为原始数据中会包含很多残缺值和错误值，数据预处理就是将这些原始数据中的残缺值和错误值进行剔除，留下有意义的数据。数据预处理就是挑选有价值的数据变量的过程。

通过探索性数据分析可以直观掌握数据的各项特征，比如研究数据的分布结构，研究数据变量的极大值、极小值、众数、中位数，数据呈现正态分布还是偏态分布等。

（1）中位数

对于倾斜（非对称）数据，数据中心的最好度量是中位数，中位数表示的是有序数据值的中间值。假设给定某属性 x 的 n 个值按照递增序列排序，如果 n 是奇数，则中位数是该有序集的中间值；如果 n 是偶数，则中位数是最中间的两个值或是它们之间的任意值。

```
In [3]: a=[1,2,3,4,5]
        n=len(a)
        a.sort()
        if n%2==0:
            median1=a[n//2]
            median2=a[n//2-1]
        else:
            median=a[n//2]
            print("Median is :"+str(median))

        Median is :3
```

（2）方差和标准差

方差和标准差都表示数据分布的程度。低标准差表示数据观测趋向于非常靠近均值，高标准差表示数据分布在一个大的值域中。数据属性 x 为 n 个观测值 x_1，x_2，…，x_n 的方差如下。

$$\sigma^2=\frac{1}{n}\sum_{i=1}^{n}(x_i-\overline{x})^2=\frac{1}{n}\sum_{i=1}^{n}x_i^2-\overline{x}^2 \tag{3-1}$$

式中，$\overline{x}$ 是观测数据的平均值，观测值的标准差是方差的平方根。

```
In [8]: import numpy as np
        a=[2,3,5,8,32,45,56,90,43]
        x=np.var(a)
        x

Out[8]: 808.2469135802469
```

（3）分位数

分位数是取自数据分布的每隔一定间隔上的点，把数据划分成大小相等的连贯集合。给定数据分布的第 k 个 q 分位数值是 x，使得小于 x 的数据值最多为 k/q，而大于 x 的数据值最多为 $(q-k)/q$，其中 k 是整数，使得 $0<k<q$。

二分位数是一个数据点，它的数据分布划分为高低两半，二分位数对应于中位数。四分位数是 3 个数据点，它们把数据划分为 4 个相等的部分，每个部分表示数据分布的 1/4，因此称为四分位数。一百分位数称为百分位数，是指把数据分成 100 个大小相等的连贯集。用 Python 求解分位数的方法如下（用 describe 函数）。

```
In [10]: import pandas as pd
         s1=pd.Series([6,7,15,36,39,40,41,42,43,47,49])
         s1.describe()
```

```
Out[10]: count    11.000000
         mean     33.181818
         std      15.873362
         min       6.000000
         25%      25.500000
         50%      40.000000
         75%      42.500000
         max      49.000000
         dtype: float64
```

（4）五数概括、盒图、离群点

Q_1、Q_2、Q_3 分别为第 25 个百分位数、中位数、第 75 个百分位数，在对称分布中，中位数把数据分成相同大小的两半。倾斜分布的分布情况并不是这样的，因此除了中位数以外，还有两个四分位数 Q_1 和 Q_3。识别可疑点一般是挑选落在第 3 个四分位数之上或第 1 个四分位数之下至少 1.5 倍的四分位数极差，四分位数极差是 Q_3-Q_1。

五数概括由中位数（Q_2）、四分位数（Q_1、Q_3）、最小和最大观测值组成。

盒图是一种流行的分布的直观表示，盒图体现了五数概括。盒的端点在四分位数上，使得盒的长度是四分位数极差（Q_3-Q_1）。

画出一个盒图。

```
In [20]: import matplotlib.pyplot as plt
         import numpy as np
         a_array=[np.random.normal(0,std,100) for std in [0.8,0.6,0.5,0.4]]
         fig=plt.figure(figsize=(8,6))
         plt.boxplot(a_array,notch=False,sym='o',vert=True)
         plt.title('box plot')
         plt.show()
```

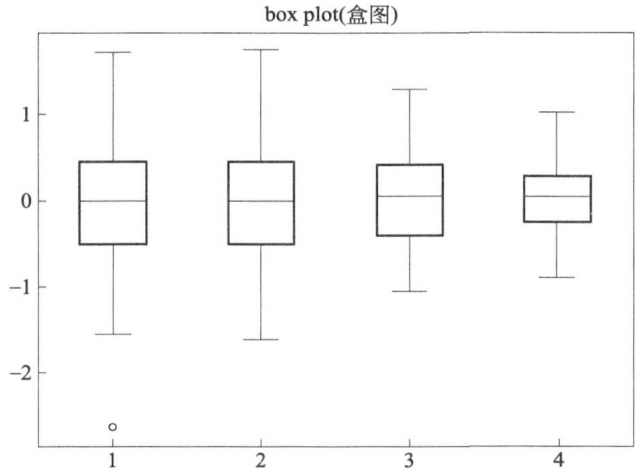

其中 plt. boxplot（a_array，notch＝False，sym＝'o'，vert＝True）表示输入的列表；notch 表示盒图的样子；sym 表示偏离值的表示方法；vert 表示盒图是竖着放置还是横着放置。

3.5 相关分析和回归分析

（1）相关回归综述

交通事故与哪些因素有关？天气是否晴朗和当地游客数量是否存在关联？驾驶行为和驾驶人的个性是否有关系？研究这些涉及多个变量之间的问题，并针对这些问题总结出一套行之有效的方法，就是相关分析和回归分析。

在数据挖掘领域，发现数据中的原有规律和预测数据在未来时期内的表现是数据分析最主要的内容，相关分析和回归分析主要研究不同变量之间是否存在相互联系，以及这些联系是怎样的关系。

交通事故与驾驶人的个性、周围的环境等因素有关，这些因素具有因果关系，同时也存在相关关系，使用数据量化这种因果关系后就能得到回归方程式。

相关分析和回归分析的提出针对的是小样本数据，当数据量多达几百万条时，复杂的运算过程会“挤爆”计算机的内存。

相关分析和回归分析假设所分析的变量存在线性关系；所有的变量均服从正态分布且方差相同；回归分析中的自变量之间彼此独立，不存在相关关系。

大数据时代的到来带来很多新型的数据挖掘算法，在这些算法的背后隐藏着相关分析和回归分析的影子。

（2）皮尔逊相关值

相关分析用于研究两个或多个变量之间的关系。在相关分析中，变量之间的关系是平等的，没有因果的区别；最重要的指标是相关系数，相关系数对大部分的数值型变量都是适用的。进行相关分析也是进行聚类分析、回归分析、因子分析等方法的必要工作之一。比如聚类分析之前，要进行相关分析，只有具有相关关系的变量才有可能聚为一类。回归分析的自变量和因变量只有具有相关关系才能进行回归分析的计算。

皮尔逊相关性通过皮尔逊相关系数计算得到。皮尔逊相关系数的计算公式如下。

$$R=\frac{\sum_{i=1}^{n}(X_i-\overline{X})(Y_i-\overline{Y})}{\sqrt{\sum_{i=1}^{n}(X_i-\overline{X})^2}\sqrt{\sum_{i=1}^{n}(Y_i-\overline{Y})^2}} \tag{3-2}$$

式中，R 表示皮尔逊相关系数；X_i 表示自变量；Y_i 表示另一个变量；$\overline{X}$ 表示所有自变量的平均值；$\overline{Y}$ 表示另一个变量的平均值。

皮尔逊相关系数总是在−1 和 1 之间。为正时，表示两个变量正相关，即一个变量增大时另一个变量也增大；为负时，表示两个变量负相关。绝对值的大小表示两个变量之间的相关程度的大小。

```
In [26]: x=[10,23,56,78]
         y=[10,34,65,78]
         from scipy.stats import pearsonr
         pccs = pearsonr(x, y)
         pccs
Out[26]: (0.98214777625062, 0.01785222374938001)
```

返回一个元组，第一个表示相关系数，第二个表示相关性是否显著，一般小于 0.05 视为显著。

（3）时间序列分析

时间序列分析一方面研究数据在一个固定周期内的趋势；另一方面研究同一个点在不同周期内的变化趋势。时间序列数据随着时间变化，数据有一定的规律性。在预测未来一定时间内的时间序列时，常用的方法有算术平均法、加权平均法和指数平滑法。在每一种类型中，又有许多方法。

① 算术平均法是将过去的观察值的算术平均值作为下一个周期的预测值，这种方法适合每个周期都变化不大的数据。

② 加权平均法是在算术平均法的基础上为每年的观察值赋权值，年份较近的赋权值比较大，年份较远的赋权值比较小。

③ 指数平滑法是指根据上期实际值和预测值，使用指数进行加权预测，此方法不需要过多的数据，在短期预测中表现较好。

时间序列分析法还有逐步自回归模型、Winters Method-Additive 模型、ARIMA 模型、Winters Method-Multiplicative 模型等。

时间序列分析法是根据过去的变化趋势预测未来的发展，历史数据要满足三条前提假设：过去的数据规律会延续到未来；数据呈现明显的周期性；在某一周期内，数据的变化趋势符合某种规律。

时间序列对于周期性和趋势性的变化并不敏感，只有周期性和趋势性都符合固定规律的数据才能得到很好的时间序列模型，如果数据内部的规律发生变化，模型就没有意义了。

(4) 线性回归分析

线性回归分析是一种用于研究自变量和因变量之间因果关系的一种分析方法。当自变量只有一个时，称为一元线性回归分析；当自变量有多个时，称为多元线性回归分析。线性回归分析使用最小二乘法度量散点到回归线之间的距离，并找出使得直线到所有散点的距离之和达到最小的解，以此为依据写出距离所有散点最近的回归线的方程。

线性回归分析预测法的步骤如下。

① 根据预测目标确定自变量和因变量。

② 建立回归预测模型。

③ 进行相关分析。

④ 计算并确定预测值。

(5) Logistic 回归分析

Logistic 回归方程式所求的是一个概率条件。如交通事故的发生，将交通事故发生的概率记为 P，交通事故不发生的概率记为 $1-P$，将两者相比后取对数就是 Logistic 回归方程中的因变量，也就是

$$Y=\ln\left|\frac{P}{1-P}\right| \tag{3-3}$$

同时 Logistic 回归方程式满足以下形式。

$$Y=a_0+a_1X_1+a_2X_2+a_3X_3+a_4X_4+\cdots+a_iX_i+\cdots+a_nX_n \tag{3-4}$$

式中，X_i 为各种自变量。因此收集自变量的数据后，就可以计算出事故发生的概率。

Logistic 回归分析、线性回归分析和非线性回归分析是基本回归分析模型。Logistic 回归分析适用于因变量为分类变量的情况，无论是二分类变量、无序变量还是有序变量，Logistic 回归分析都能拟合出相对应的方程。

Logistic 回归分析实际上是一种非线性回归，可以拟合更复杂的曲线。Logistic 回归分析能够比较不同自变量对因变量影响的强弱。和 Logistic 回归分析法比较相似的有神经网络、支持向量机等用于研究非线性拟合问题的数据分析方法。

3.6 降维数据分析

3.6.1 降维算法概述

在大数据时代下，如何用有效的数据，提供计算海量数据的方法是研究的

重点问题。

大数据时代的特征是利用数据的数量之多和维度之广为数据分析提供了可能，但是同时也对数据分析提出了更高的要求。从理论上可以说数量之多和维度之广对建立模型预测的准确性提供很好的数据支撑，但从实际情况来讲，收集过多的维度会占据过多的内存，维度和维度之间会产生共线性问题，导致计算机难以计算出正确的结果。在保证信息足够的同时，提高计算速度和能力，是大数据要分析解决的问题。

降维算法是将模型中较多的维度通过映射的方式变成较少的维度，达到较少的计算量。有的降维算法是将数据中的原始信息全部保留，有的降维算法舍弃了一部分原始信息，有的降维算法使用非线性算法，有的降维算法使用线性算法。

降维算法一般是和其他算法相结合来解决复杂的问题，降维算法既可以直接从数据中分析得出结论，也可以作为其他算法的前期工作。

经典的降维算法主要有粗糙集算法、因子分析、最优尺度分析、PCA 算法等。降维算法还有模糊集算法、多维度 MDS 算法、矩阵分解算法等。

3.6.2 因子分析

因子分析是专门为心理分析设计的分析方法之一。因子分析是由英国心理学家在 1904 年提出来的，是专门用于解决测验问题的。通过研究测试问卷中不同问题的内部结构，用少数的假想变量来反映原始问卷中的主要信息。

3.6.3 主成分分析

主成分分析（Principal Components Analysis，PCA）又称 Karhunen-Loeve 或 K-L 方法，搜索 k 个最能代表数据的 n 维正交向量，其中 $k \leqslant n$。原数据投影到一个小得多的空间上，导致维归约。维归约的意思是减少所考虑的随机变量或属性的数量。维归约的算法包括 PCA 和小波变换，主要是把原数据变换或者投影到较小的空间。

主成分分析是降维中最经典的例子。

假定有 P 个与统计相关的性质指标集合，由于它们之间的相关性，在 P 个性质指标中存在冗余的信息，通过正交变换，获得 K 个新特征，这些新特征相互正交，由于彼此正交，新特征之间没有信息的冗余。这一过程称为特征提取。从空间变换的角度，特征提取的实质就是从 P 个原始变量的 CP 空间内，提取出

彼此正交的 K 个新变量，组成 CK 空间。将一个存在信息冗余的多维空间变成一个无信息冗余的较为低维的空间，这样一种线性变换称为降维。

（1）主成分分析步骤

① 对数据进行预处理，实现数据的标准化。

② 计算相关系数矩阵。

③ 通过特征方程计算特征根，并计算总方差及累计的贡献率，选择贡献率达到 85%的特征根，并计算相应的特征向量。

④ 计算主成分得分，并计算综合得分。

（2）主成分分析原理

p 个变量 x_1，x_2，…，x_p，n 个数据矩阵样本为

$$\boldsymbol{X}=\begin{pmatrix} x_{11} & x_{12} & \cdots & x_{1p} \\ x_{21} & x_{22} & \cdots & x_{2p} \\ \vdots & \vdots & \vdots & \vdots \\ x_{n1} & x_{n2} & \cdots & x_{np} \end{pmatrix} \tag{3-5}$$

式中，$\boldsymbol{x}_j=\begin{pmatrix} x_{1j} \\ x_{2j} \\ \vdots \\ x_{nj} \end{pmatrix}$，$j=1, 2, \cdots, p$。

主成分分析就是将 p 个观测变量综合称为 p 个新的变量（综合变量）。

$$\begin{cases} F_1=a_{11}x_1+a_{12}x_2+\cdots+a_{1p}x_p \\ F_2=a_{21}x_1+a_{22}x_2+\cdots+a_{2p}x_p \\ \qquad\vdots \\ F_p=a_{p1}x_1+a_{p2}x_2+\cdots+a_{pp}x_p \end{cases} \tag{3-6}$$

可以简写为

$$F_j=\alpha_{j1}x_1+a_{j2}x_2+\cdots+a_{jp}x_p \quad j=1,2,\cdots,p \tag{3-7}$$

模型要求满足下面的条件。

① 各分量不相关，即 F_i 和 F_j 互不相关（$i\neq j$，并且 $i, j=1,2,3,\cdots,p$）。

② F_1 的方差大于 F_2 的方差，F_2 的方差大于 F_3 的方差，以此类推。

③ $a_{k1}^2+a_{k2}^2+\cdots+a_{kp}^2=1$，$k=1, 2, \cdots, p$。

F_1 为第一主成分，F_2 为第二主成分，以此类推，一共有 p 个主成分。a_{ij} 为主成分系数。

In [254]:
```
#使用PCA进行降维
#加载库
from sklearn.preprocessing import StandardScaler
from sklearn.decomposition import PCA
from sklearn import datasets
import pandas as pd

#加载数据
#标准化特征矩阵
featuresyouzhuanzuozhuan=StandardScaler().fit_transform(dfyouzhuanzuozhuan3)
#创建可以保留99%信息量（用方差表示）的PCA
pcayouzhuanzuozhuan=PCA(n_components=0.99,whiten=True)
#执行PCA
features_pcayouzhuanzuozhuan=pcayouzhuanzuozhuan.fit_transform(featuresyouzhuanzuozhuan)#这个就是降维后的数据

#显示结果
print("original number of features:",featuresyouzhuanzuozhuan.shape[1])
print("Reduced number of features:",features_pcayouzhuanzuozhuan.shape[1])
fetpcaICAyouzhuanzuozhuan11=features_pcayouzhuanzuozhuan
fetpcaICAyouzhuanzuozhuan22=DataFrame(fetpcaICAyouzhuanzuozhuan11)
fetpcaICAyouzhuanzuozhuan22
```

```
original number of features: 32
Reduced number of features: 6
```

3.6.4 小波变换

小波变换是一种线性信号处理技术，用于数据向量时，将它变换成不同的数值小波系数向量，两个向量具有相同的长度。下面介绍小波变换的原理。

傅里叶变换是通过把幅度随着时间变换的信号转变为功率随着频率变换的谱图，来提取信号的频域特征，这样的方法适合分析平稳信号，对于非平稳信号不太合适，具有很大的局限性。而小波变换是一种时频分析法，具有多分辨率特性，可以在时域和频域中都有良好的分辨率，适用于非平稳信号的处理。

小波变换是一种信号分析理论，它的原理是用一族小波函数去表示或者去逼近信号。小波变换是时间和频率的局部化分析，通过伸缩平移等运算对信号进行多尺度细化，在高频处时间细分，在低频处频率细分。它是一种信号的时间-尺度分析方法，它的特点是多分辨率，具有时频局部化特性，可以对各种时变信号进行有效的分解，可以较好地将信号和噪声分离。

原则上，傅里叶分析可以用小波分析取代，并且小波分析比傅里叶分析更优，因为它在时域和频域两个方面同时具有良好的局部化性质。小波分析是进行信号时频分析的比较理想的工具，它是一种时间窗和频率窗都可以改变的时频局部化分析方法。小波分析在时频两域都具有信号局部特征的能力，在低频部分可以具有较高的频率分辨率和较低的时间分辨率，在高频部分可以具有较高的时间分辨率和较低的频率分辨率。

常用的小波基函数包括小波函数、小波函数系和复数小波。小波基的选择是根据哪一组小波基取得的小波系数最大并且方差值小，就选择哪组小波基。

国际著名的小波分析学者 Inrid Daubechies 构造了小波函数 Daubechies，Daubechies 系中的小波基记为 db$N$，其中 N 为序列，$N=1$，2，…，10。

(1) 小波变换的定义

设函数 $\varphi(t)$ 的傅里叶变换为 $\Phi(j\Omega)$，它满足

$$C_\phi=\int_{R^*}\frac{|\Phi(j\Omega)|^2}{|\Omega|}\mathrm{d}\Omega<+\infty \tag{3-8}$$

式中，R^* 表示$(-\infty,0)\cup(0,+\infty)$，称为 $\varphi(t)$ 基本小波函数，式(3-8) 称为小波函数的容许性条件。

小波变换提出了变换的时间窗，需要低频信息时，采用长的时间窗；需要高频信息时，采用短的时间窗。

引入尺度因子 a 和平移因子 b，假设 a、$b\in \mathrm{R}$，$a\neq 0$，$\varphi(t)$ 在 a、b 作用下得到连续小波函数。

$$\varphi_{a,b}(t)=\frac{1}{\sqrt{|a|}}\varphi\frac{t-b}{a} \tag{3-9}$$

于是可以定义 $f(t)\in L^2(R)$ 的连续小波函数为

$$W_\varphi f(a,b)=\frac{1}{\sqrt{a}}\int_{-\infty}^{+\infty}f(t)\varphi\frac{t-b}{a}\mathrm{d}t=\sqrt{a}\int_{-\infty}^{+\infty}f(at)\varphi\left(t-\frac{b}{a}\right)\mathrm{d}t \tag{3-10}$$

利用傅里叶变换，可以得到连续小波变换的逆变换。

$$\begin{aligned}f(t)&=\iint\limits_{R\times R}\frac{1}{C_\Phi}(W_\varphi f)(a,b)\varphi_{a,b}(t)\frac{\mathrm{d}a\,\mathrm{d}b}{a^2}\\&=\frac{1}{\sqrt{|a|}C_\Phi}\int_{-\infty}^{+\infty}\int_{-\infty}^{+\infty}(W_\varphi f)(a,b)\varphi\frac{t-b}{a}\times\frac{\mathrm{d}a\,\mathrm{d}b}{a^2}\end{aligned} \tag{3-11}$$

(2) 离散小波变换

在实际运用中，连续小波变换要加以离散化。通常需要对尺度因子 a 和平移因子 b 进行离散采样。

一般按照某个常数 a_0 的整数幂进行取样，取 $a=a_0^j(a_0>0,j\in Z)$，$b=kb_0a_0^j(b_0\in R,j\in Z)$，那么小波 $\varphi_{a,b}(t)$ 变为

$$\varphi_{a,b}(t)=a^{-\frac{1}{2}}\varphi\left(\frac{t-b}{a}\right)=a_0^{-\frac{j}{2}}\varphi(a_0^{-j}t-kb_0) \tag{3-12}$$

如果令 $a_0=2$，则得到二进小波；如果令 $b_0=1$，则得到二进正交小波。

$$\varphi_{a,b}(t)=2^{-\frac{j}{2}}\varphi(2^{-j}t-k) \tag{3-13}$$

经过整理，得出相应的二进离散小波变换。

$$(D_{\varphi}f)(a,b)=\langle f(t),\overline{\varphi_{a,b}(t)}\rangle=2^{-\frac{j}{2}}\int_{-\infty}^{+\infty}f(t)\overline{\varphi(2^{-j}t-k)}\mathrm{d}t \quad (3\text{-}14)$$

进行信号处理，时域离散信号为 $x(n)$，定义 $x(n)$ 的离散小波变换为

$$D_{\varphi}X(j,k)=\sum_{n=-\infty}^{+\infty}x(n)\overline{\varphi_{j,k}(n)}=2^{-\frac{j}{2}}\sum_{n=-\infty}^{+\infty}x(n)\overline{\varphi(2^{-j}n-k)} \quad (j,k,n\in Z) \quad (3\text{-}15)$$

（3）离散小波变换的快速算法——Mallat 算法

Meyer 在 1986 年提出的具有一定衰减性的光滑函数，其二进制伸缩与平移构成的规范正交基，使得小波得到发展。S. Mallat 在构造正交小波基时提出多分辨率分析的概念，形象地说明了小波的多分辨率特性，将所有的正交小波基的构造法统一起来看，在 Burt 和 Adelson 图像分解及重构的启发下，得出了 Mallat 正交小波构造方法以及正交小波变换的快速算法，也就是 Mallat 快速算法。以三层小波分解为例对多变率分析进行说明，如图 3-2 所示。

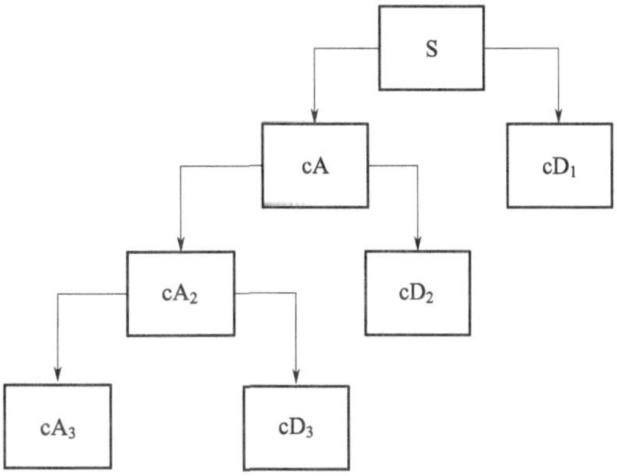

图 3-2　三层小波分解

这是三层的小波分解，它只对低频部分进行分解，对于高频部分没有考虑。信号 $S=cA_3+cD_3+cD_2+cD_1$。其中，cA 为逼近的信号，也就是低频部分；cD 为细节信号，也就是高频部分。在函数空间 $L^2(R)$ 上，取一个基准空间 V_0，将其压缩为原来的一半，得到新的空间，也就是 V_1 和 W_1，显然

$$V_0=V_1\oplus W_1 \quad (3\text{-}16)$$

对空间 V_1 做同样的运算，得到 V_2 和 W_2，依次进行下去，会得到一系列空间 V_0，V_1…和 W_0，W_1…。反过来，对空间进行扩展也是同样的，会得到一系列空间。这些空间满足以下关系。

① 单调性。

$$V_j\subset V_{j-1},j\in Z \quad (3\text{-}17)$$

② 渐进完全性。

$$\bigcup_{j=-\infty}^{+\infty}V_j\in L^2(R),\ \bigcap_{j=-\infty}^{+\infty}V_j=[0] \quad (3\text{-}18)$$

③ 伸缩性。

$$\forall j \in Z, f(t) \in V_j \Leftrightarrow f(2t) \in V_{j-1} \tag{3-19}$$

④ 平移不变性。

$$\forall k \in Z, f(t) \in V_j \Rightarrow f(t-2^j k) \in V_j \tag{3-20}$$

$$i \neq j, W_i \cap W_j = \phi; j \in Z, V_{j-1} = V_j \oplus W_j; i \leqslant j, W_j \subset V_i$$

$$\bigoplus_{-\infty}^{+\infty} W_j = L^2(R); \forall j \in Z, x(t) \in W_j \Leftrightarrow x(2t) \in W_{j+1} \tag{3-21}$$

要进行多层次的分解，可以依次类推进行。

经证明对空间 V_0 存在 $\lambda(t) \in V_0$，有 $a_n^{j-1} = \sum\limits_{l=-\infty}^{+\infty} h_{k-2l} a_l^j + \sum\limits_{l=-\infty}^{+\infty} g_{k-2l} d_l^j$ $[\lambda(t-k),\ k \in Z]$ 构成 V_0 的标准正交基，即对于函数空间 V_0 的任意函数 $x(t)$ 有由基函数构成的唯一线性组合。

$$x(t) = \sum_k a_k \lambda(t-k) = \sum_k \langle a(t), \lambda(t-k) \rangle \lambda(t-k) \tag{3-22}$$

称 $\lambda(t)$ 为尺度函数。

Mallat 算法：Mallat 是一种有效的小波变换的快速算法。

分解算法：因 $V_j \in V_{j-1}$，$W_j \in V_{j-1}$，所以空间的 V_j 标准正交基，也就是尺度函数的标准正交基通过小波函数均可由空间 V_{j-1} 的标准正交基展开。

$$\begin{aligned} 2^{-\frac{j}{2}} \lambda(2^{-j}t-k) &= \sum_{t=-\infty}^{+\infty} \langle 2^{-\frac{j}{2}} \lambda(2^{-j}t-k), 2^{-\frac{j-1}{2}} \lambda(2^{-(j-1)}t-l) \rangle 2^{\frac{j-1}{2}} \lambda[2^{-(j-1)}t-l] \\ &= \sum_{t=-\infty}^{+\infty} h_{l-2k} 2^{\frac{j-1}{2}} \lambda[2^{-(j-1)}t-l] \end{aligned} \tag{3-23}$$

$$\begin{aligned} 2^{-\frac{j}{2}} \varphi(2^{-j}t-k) &= \sum_{t=-\infty}^{+\infty} \langle 2^{-\frac{j}{2}} \varphi(2^{-j}t-k), 2^{\frac{j-1}{2}} \lambda[2^{-(j-1)}t-l] \rangle 2^{\frac{j-1}{2}} \lambda[2^{-(j-1)}t-l] \\ &= \sum_{t=-\infty}^{+\infty} g_{l-2k} 2^{-\frac{j-1}{2}} \lambda[2^{-(j-1)}t-l] \end{aligned} \tag{3-24}$$

整理后，以 n 代替 t，令 $a_n^j = \langle x(n),\ 2^{-\frac{j}{2}} \lambda(2^{-j}n-k) \rangle$，$d_n^j = \langle x(n),\ 2^{-\frac{j}{2}} \varphi(2^{-j}n-k) \rangle$，$\overline{h_n} = h_{-n}$，$\overline{g_n} = g_{-n}$，得出 Mallat 算法的分解算法如下。

$$\begin{aligned} a_n^j &= \sum_{-\infty}^{+\infty} \overline{h_{2k-1}} a_n^{j-1} \\ d_n^j &= \sum_{l=-\infty}^{+\infty} \overline{g_{2k-1}} d_n^{j-1} \end{aligned} \tag{3-25}$$

分解的逆过程也就是重构算法为

$$a_n^{j-1}=\sum_{l=-\infty}^{+\infty} h_{k-2l}a_l^j+\sum_{l=-\infty}^{+\infty} g_{k-2l}d_l^j \tag{3-26}$$

小波变换常用的基本小波如下。

① Daubechies（db$N$）小波系：该小波是 Daubechies 从两个方程系数出发设计出来的离散小波正交系，简写为 db$N$，N 表示小波的阶数。

② 双正交小波（biorNr. Nd）小波系：它主要应用在信号与图像的重构中。

③ Coiflet 小波系：Coiflet 函数是由 Daubechies 构造的一个小波函数。

④ SymletsA 小波系：它是由 Daubechies 提出的近似对称的小波函数，是对 db 函数的一种改进。

⑤ Haar 小波：它是小波分析中使用最早的一个正交小波函数，也是最简单的一个小波函数，在时域上是不连续的。

⑥ Mayer 小波：Meyer 小波的小波函数和尺度函数都是在频域中进行定义的，它的收敛速度很快。

⑦ Gaussian 小波：高斯密度函数的微分形式，它是一种非正交与非双正交的小波，没有尺度函数。

【小波变换的应用】

#小波去噪，加载各种库函数

```
import matplotlib.pyplot as plt
import pywt
from sklearn.decomposition import PCA
from sklearn.preprocessing import normalize
import pandas as pd
# Get data:
def xiaoboquzao(data):
    index=[]
    data1=[]
    for i in range(len(data)):
        X=float(i)
        Y=float(data[i])
        index.append(X)
        data1.append(Y)
    w=pywt.Wavelet('db3')  #选用 Daubechies 小波
    print("maximum level is "+str(3))
```

```
        threshold=3.382158565527598 # Threshold for filtering
        coeffs=pywt.wavedec(data1,'db3',level=3)  #将信号进行小波分解
        plt.figure()
        for i in range(1,len(coeffs)):
            coeffs[i]=pywt.threshold(coeffs[i],threshold*max(coeffs[i]))
            #将噪声滤波

        datarec=pywt.waverec(coeffs,'db3')  #将信号进行小波重构
        coeffs1=pywt.wavedec(datarec,'db3',level=3)#将信号进行分解
        mintime=0
        maxtime=mintime+len(data1)+1

        plt.figure()
        plt.subplot(3,1,1)
        plt.plot(index[mintime:maxtime],data1[mintime:maxtime])
        plt.ylim(-1,1)
        plt.xlabel('time(s)')
        plt.ylabel('microvolts(uV)')
        plt.title("Raw signal")
        plt.subplot(3,1,2)
        plt.ylim(-1,1)
        plt.plot(index[mintime:maxtime],datarec[mintime:maxtime-1])
        plt.xlabel('time(s)')
        plt.ylabel('microvolts(uV)')
        plt.title("De-noised signal using wavelet techniques")
        plt.subplot(3,1,3)

plt.plot(index[mintime:maxtime],data[mintime:maxtime]-datarec[mintime:maxtime])
        plt.xlabel('time(s)')
        plt.ylabel('error(uV)')
        plt.ylim(- 1,1)
        plt.tight_layout ()
        plt.show ()
        return datarec, coeffs1
    xiaoboquzao (df_R15)
    tr, coeffs1=xiaoboquzao (df_R15)   #df_R15是进行去噪的数据集
    print (tr)
    print (coeffs1)   #小波系数输出
```

第4章 机器学习模式识别

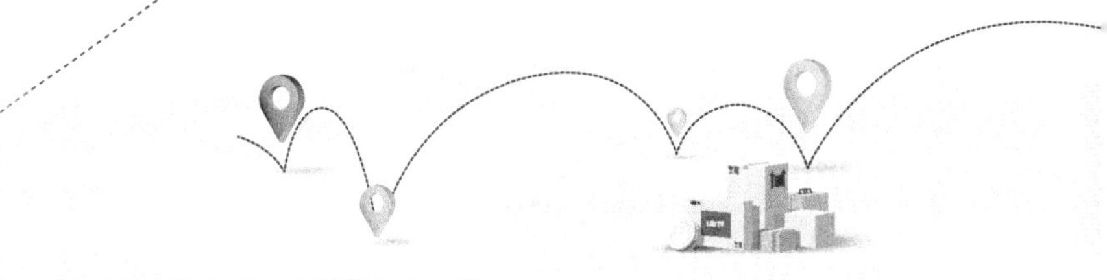

机器学习（Machine Learning，ML）是一门多领域交叉学科，涉及概率论、统计学、凸分析、算法复杂度理论等多门学科。机器学习研究计算机怎么模拟或实现人类的学习行为，以获取新的知识或技能，重新组织已经有的知识结构，不断改善自身的性能。

4.1 人工智能、机器学习和深度学习关系

首先了解一下人工智能、机器学习与深度学习三者之间的关系，人工智能包括机器学习和深度学习，而机器学习包括深度学习，深度学习属于机器学习的一部分。三者之间的关系如图 4-1 所示。

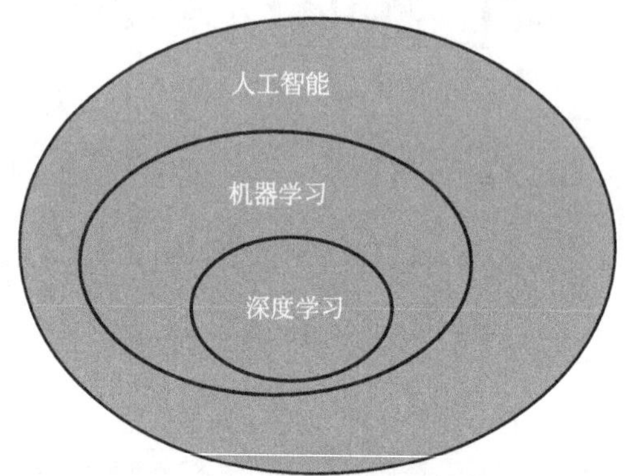

图 4-1　三者之间的关系

人工智能诞生于 20 世纪 50 年代，人工智能的简洁定义是努力将通常由人类完成的智力任务自动化。人工智能是一个综合性的领域，包括机器学习和深度学习。当时，很多专家认为只要程序员精心编写足够明确的规则来处理知识就可以实现和人类一样水平的人工智能，这种方法被称为符号主义人工智能。在 20 世纪 50～80 年代的专家系统中，这种方法的热度达到了顶峰。

符号主义难以解决更复杂的模糊的问题，如图像分类、语音识别等。于是出现了一种新的方法——机器学习，这种方法可以进行图像分类、语音识别和语言翻译。

机器学习的概念来自图灵的问题：对于计算机，除了我们命令它做的事情外，它还能自主学习执行特定任务吗？计算机会不会自主学习观察数据的规律？机器学习系统是训练出来的，不是明确地通过程序编写的。机器学习是将

许多与任务相关的示例输入系统，并在示例中找到统计结构，找到规律，同时将这些规律运用到新的数据中输出结果。

机器学习有三个基本的要素。

(1) 输入数据点

任务不同，输入数据点就不同。比如语音识别，输入的数据点可能是人们说话的声音文件；脑电信号识别的输入数据点可能是脑电信号文件。

(2) 预期输出的示例

预期输出指的是根据输入数据点的学习，输出最终的结果。比如任务是区分哪种动物，那么输出的可能是狗、猫等动物，脑电信号识别输出的可能是有疾病和无疾病等。

(3) 衡量算法效果好坏的方法

主要是为了计算算法的输出和预期输出的差距。衡量结果是一种反馈，可以根据这个反馈调节算法，调节的过程就是学习的过程。机器学习模型是将输入数据变换为一种有意义的输出，从已知的输入的数据中学习数据的规律，并做相应的输出。因此，机器学习和深度学习的核心就是对数据进行有意义的变换。举例说明如下。

假设有黑点和白点，需要开发一种算法对黑点和白点进行分类。输入一个点的坐标就可以判断出来是黑点还是白点。可以把黑点和白点在一个坐标系中表示，原始的数据可能比较难以区分哪些是黑点，哪些是白点，于是通过坐标变换，把黑点和白点用一个坐标系的轴区分开，然后转动坐标系的轴，使得黑点和白点更容易区分开，比如 x 大于零的时候是黑点，x 小于零的时候是白点，这样通过坐标变换就把黑点和白点区分了。

在这个例子中把正确分类的点所占比例（%）作为反馈信号，尝试搜索各种可能的坐标变换，此时做的就是机器学习，机器学习中的学习指的是寻找更好数据表示的自动搜索过程。所有的机器学习算法都包括自动寻找这样一种变换：可以根据任务将数据转化为更加有用的表示。可以是坐标变换，也可以是线性投影、平移、非线性操作等。

输入是点的坐标；预期输出是点的颜色；衡量算法效果好坏的方法是正确分类的点所占的比例（%）。

机器学习的技术定义：在预先定义好的可能性空间中，利用反馈信号的指引来寻找输入数据的有用表示。

深度学习是机器学习的一个分支，深度学习中的深度指的是一系列连续的表示层，不是利用这种方法的更深层次的理解。模型的深度是指在数据模型中包含多少层。现代深度学习一般包含数十个甚至上百个连续的表示层，这些表示层是从训练数据中自动进行学习的。而其他机器学习方法仅仅学习一两层，所以也称为浅层学习。

深度学习模型并不是根据大脑的工作原理建模的，深度学习是一种数学框架，从数据中学习。数据经过很多层，可以将深度网络看作是多级信息“蒸馏操作”：信息穿过连续的过滤器，纯度越来越高，因此对任务的帮助会越来越大。

深度学习的技术定义：学习数据表示的多级方法。深度学习利用距离值作为反馈信号对权重进行微调，使得损失更小，这种调节由优化器来完成，优化器实现反向传播算法，这个反向传播算法也是深度学习的核心算法。开始的时候神经网络的权值是随机的，网络实现一系列的随机变换，其输出结果和预期结果相差较大，损失值也较大，随着网络处理的示例越来越多，权重值开始向正确的方向微调，损失值也在降低，形成训练循环，训练循环重复很多次，得到的权重值使得损失函数最小。因此，输出值和目标值的差距也很小，这就是训练好的网络。虽然很简单，但是规模很大，所以产生很好的效果。

4.2 机器学习基础

4.2.1 机器学习类型

机器学习算法是指从数据中挖掘出数据规律或模型，然后利用规律或模型对未知的数据进行分析或预测的算法。机器学习算法的计算过程更多依赖数学模型、统计和概率的相关知识。常见的机器学习算法包括决策树、神经网络、朴素贝叶斯、支持向量机、集成学习、聚类等。

机器学习的类型主要有：有监督学习、无监督学习、强化学习。

（1）有监督学习

有监督学习是根据已有的训练集提供的样本，从这些样本中不断学习，选择特征参数，对分类器建立判别函数，对被识别的样本进行分类。它需要大量的训练数据，通过对训练数据进行特征提取形成符合特征的分类模型，将分类模型形成分类器并实现对数据的分类。

根据有监督学习的输出类型，可以分为回归和分类两种。

① 回归问题：如果监督学习中，输出的 y 是一个连续值，并且 $f(x)$ 的输出也是连续值，则这类问题为回归问题，有线性回归、逻辑回归等。

② 分类问题：如果 y 是离散的类别标记或数值，则这类问题为分类问题，有朴素贝叶斯、支持向量机等。

（2）无监督学习

无监督学习是模型本身不进行先验知识学习，不会对模型进行参数训练，而是使用被预测的样本数据直接预测的过程。典型的无监督学习是聚类。

（3）强化学习

强化学习主要强调的是基于当前环境下的动作行为控制，以取得最优效果，它是由一系列的动作行为得到的最优效果。强化学习不需要显示输入样本数据，是一种在线的学习方式。

4.2.2 机器学习中常见的函数

（1）激活函数

$$f(x)=ax+b \tag{4-1}$$

式中，a、b 均为常数。

① 阈值函数。

$$f(x)=\begin{cases}1, & x\geqslant c\\ 0, & x<c\end{cases} \tag{4-2}$$

式中，c 为常数。

② S 型函数。

$$f(x)=\frac{1}{1+\mathrm{e}^{-ax}} \tag{4-3}$$

③ 双曲正切 S 型函数。

$$f(x)=\frac{2}{1+\mathrm{e}^{-ax}}-1 \tag{4-4}$$

④ 双曲正切函数。

$$\tanh(x)=\frac{\mathrm{e}^{x}-\mathrm{e}^{-x}}{\mathrm{e}^{x}+\mathrm{e}^{-x}} \tag{4-5}$$

⑤ ReLU 函数。

$$f(x)=\max(0,x) \tag{4-6}$$

（2） Logistic 函数

用来把某个实数映射到（0,1），公式如下。

$$f(x)=\frac{1}{1+\mathrm{e}^{-x}} \tag{4-7}$$

（3）损失函数

在样本训练过程中，给定一个训练集（x，y），x 代表样本数据，y 代表样本数据对应的期望值。通过机器学习后，得到预测模型 $f(x)$，训练的目的就是使得 $f(x)$ 和 y 尽可能接近，才说明预测得比较准确。如果 $f(x)$ 不等于 y，表明产生了损失，这个损失需要一个函数来定义，也就是损失函数。

① 0-1 损失函数：最简单的函数是 0-1 误差函数，公式如下。

$$y=\begin{cases}1 & x<0\\ 0 & x\geqslant 0\end{cases} \tag{4-8}$$

② 对数损失函数：是 0-1 误差函数的一种代理函数，公式如下。

$$y=\log[1+\exp(-x)] \tag{4-9}$$

③ 绝对损失函数。

$$L[y,f(x)]=|f(x)-y| \tag{4-10}$$

以上是几种简单的损失函数，其他还有平方损失函数、交叉熵损失函数等。损失函数的值越小，表示计算结果与期望结果相差越小，模型越好。损失函数是对当前预测结果好坏的一个评估，损失值越小表示预测结果越接近期望结果。

（4）核函数

① 线性核函数。线性核函数主要用于线性可分的时候，基于线性核的方式训练参数比较少，迭代的速度也比较快，对于线性分类场景效果好，所以一般线性问题采用线性核函数比较合适，公式如下。

$$k(x,y)=x^{\mathrm{T}}y+c \tag{4-11}$$

② 多项式核函数。多项式核函数将低维输入空间映射到高维特征空间。训练参数多，维度高，训练周期相对较长，计算复杂度高，公式如下。

$$k(x,y)=(ax^{\mathrm{T}}y+c)^{d} \tag{4-12}$$

③ 径向基核函数。径向基核函数也可以将低维空间映射到高维空间。相对于多项式核函数参数较少。径向基核函数对小样本和大样本都有很好的性能表现，应用范围非常广泛，公式如下。

$$k(x,y)=\exp(-\gamma\|x-y\|^{2}) \tag{4-13}$$

④ sigmoid 核函数。sigmoid 核函数源自神经网络，在神经网络中应用比

较多，作为神经元的激活函数，公式如下。

$$k(x,y)=\tanh(ax^{\mathrm{T}}y+c) \tag{4-14}$$

4.3 机器学习中的参数及拟合问题

4.3.1 机器学习中的参数

（1）学习速率

在机器学习中，有些参数称为超参数，超参数是在学习训练之前设置的参数值。常见的超参数包括：步长、常规系数、神经网络的动量、RBF 内核的方差、神经网络隐藏层数、K-Means 聚类的数量 K 等。在机器学习的调优过程中会涉及对超参数进行调整优化，通过不断优化给出一组有效的超参数，使得模型在性能和效果上有较好的结果。

超参数的优化是机器学习中重要的研究课题，常用的方法有网格搜索或高斯过程。神经网络中比较经典的几个超参数是：学习速率、权值初始化、网络层数、单层神经元数量、正则化惩罚项。

学习速率是最常见的超参数之一，用于控制每次更新时调整的权值大小或者权值修正的幅度。如果学习速率太慢，则收敛速率太慢；如果学习速率太快，会导致波动较大。学习速率的典型值为 0.001～0.1。

（2）动量系数

动量系数可防止系统收敛到局部最优解。高动量系数有助于提高系统的收敛速率。但是如果把动量系数设置得太高，可能会导致超过最小值，系统会变得不稳定。低的动量系数不能可靠地避免局部最小值，还可能减缓系统的训练速率。动量的取值为 0～1，训练过程中更新权值的一个动量项，也就是在权值不断更改的情况下，动量可以保证权值的更改向制定的方向移动。

（3）偏置项

偏置项帮助函数左右平移，当 $b>0$ 时，函数向左移动；当 $b<0$ 时，函数向右移动。

4.3.2 拟合问题

（1）过拟合现象

过拟合指的是针对训练数据，模型过度适配的情况，过度学习了模型中的细节和噪声，所以很容易导致在新的数据上表现较差，意味着训练集中的数据噪声被当作特征学习了，导致模型的泛化能力变弱。

过拟合现象在无参数非线性的模型中发生的可能性较高。比如在决策树进行训练时，很容易发生过拟合现象。决策树采取剪枝的方式来减少模型对细节特征的学习。

解决过拟合问题的主要方法如下。

① 再次清洗数据：以免数据不干净导致过拟合问题。

② 调整训练集的量：训练集的量过少时，容易导致学习特征不够集中。尤其是深度神经网络，需要大量的数据训练才能获得更好的结果。

③ 降低特征维度：通过无监督学习筛选特征或者人工干预某些特征。

(2) 欠拟合现象

欠拟合指的是模型在训练集和测试集中的表现效果都不好，获取的特征太少，不能有效地拟合数据。欠拟合模型是模型训练过程中常见的问题，有很多方法可以改进欠拟合问题。

① 更换机器学习模型。

② 增加数据的其他特征。

③ 减少正则化参数。

4.4 矩阵基本知识

4.4.1 矩阵与向量

在科学和工程中，线性方程组可以用矩阵-向量形式表示。

$$\boldsymbol{A}x=\boldsymbol{b} \tag{4-15}$$

式(4-15) 是由线性方程组 $m\times n$ 简化而来的。

$$\begin{cases} a_{11}x_1+a_{12}x_2+\cdots+a_{1n}x_n=b_1 \\ a_{21}x_1+a_{22}x_2+\cdots+a_{2n}x_n=b_2 \\ \vdots \\ a_{m1}x_1+a_{m2}x_2+\cdots+a_{mn}x_n=b_m \end{cases} \tag{4-16}$$

式中：

$$\boldsymbol{A}=\begin{bmatrix} a_{11} & \cdots & a_{1n} \\ \vdots & \vdots & \vdots \\ a_{m1} & \cdots & a_{mn} \end{bmatrix} \tag{4-17}$$

$$\boldsymbol{x}=\begin{bmatrix} x_1 \\ \vdots \\ x_n \end{bmatrix} \tag{4-18}$$

$$\boldsymbol{b}=\begin{bmatrix} b_1 \\ \vdots \\ b_m \end{bmatrix} \tag{4-19}$$

当 $m=n$ 时，称矩阵 $\boldsymbol{A}$ 为正方矩阵；当 $m<n$ 时，称矩阵 $\boldsymbol{A}$ 为宽矩阵；当 $m>n$ 时，称矩阵 $\boldsymbol{A}$ 为高矩阵。

在物理问题的建模中，矩阵 $\boldsymbol{A}$ 往往是物理系统（线性系统、滤波器、无线信道等）的符号表示，在科学和工程中遇到的向量分为以下三种。

(1) 物理向量

泛指既有幅值，又有方向的物理量，比如速度、加速度、位移等。

(2) 几何向量

为了将物理向量可视化，常用有向线段表示。

(3) 代数向量

几何向量可以用代数形式表示。用代数形式表示的几何向量称为代数向量。比如几何向量的起点坐标为 $A=(a_1,a_2)$，终点坐标为 $B=(b_1,b_2)$，该几何向量可以表示为代数形式。

$$v=\begin{bmatrix} b_1-a_1 \\ b_2-a_2 \end{bmatrix} \tag{4-20}$$

根据元素取值种类的不同，代数向量可以分为以下三种。

① 常数向量：向量的元素全部为实常数或者复常数。

② 函数向量：向量的元素包含了函数值。

③ 随机向量：向量的元素为随机变量或随机过程。

在实际应用中往往遇到的是物理向量，而几何向量是物理向量的可视化工具，代数向量是物理向量的运算化工具。

4.4.2 矩阵的基本运算

矩阵的基本运算包括矩阵的转置、共轭、共轭转置、加法和乘法。

若$\boldsymbol{A}=[a_{ij}]$是一个$m\times n$矩阵，则$\boldsymbol{A}$的转置记为$\boldsymbol{A}^{\mathrm{T}}$，是一个$n\times m$矩阵，元素为$[\boldsymbol{A}^{\mathrm{T}}]_{ij}=a_{ji}$，矩阵$\boldsymbol{A}$的复数共轭$\boldsymbol{A}^*$仍然是一个$m\times n$矩阵，它的元素为$[\boldsymbol{A}^*]_{ij}=a_{ij}^*$，矩阵$\boldsymbol{A}$的共轭转置记为$\boldsymbol{A}^{\mathrm{H}}$，它是一个$n\times m$矩阵，定义为

$$\boldsymbol{A}^{\mathrm{H}}=\begin{bmatrix} a_{11}^* & a_{21}^* & \cdots & a_{m1}^* \\ a_{12}^* & a_{22}^* & \cdots & a_{m2}^* \\ \vdots & \vdots & \vdots & \vdots \\ a_{1n}^* & a_{2n}^* & \cdots & a_{mn}^* \end{bmatrix} \tag{4-21}$$

共轭矩阵与转置之间存在下列关系。

$$\boldsymbol{A}^{\mathrm{H}}=(\boldsymbol{A}^*)^{\mathrm{T}}=(\boldsymbol{A}^{\mathrm{T}})^* \tag{4-22}$$

一个$m\times n$分块矩阵$\boldsymbol{A}$的共轭转置是一个由$\boldsymbol{A}$的每个分块矩阵的共轭转置组成的$n\times m$的分块矩阵。

$$\boldsymbol{A}^{\mathrm{H}}=\begin{bmatrix} \boldsymbol{A}_{11}^{\mathrm{H}} & \boldsymbol{A}_{21}^{\mathrm{H}} & \cdots & \boldsymbol{A}_{m1}^{\mathrm{H}} \\ \boldsymbol{A}_{12}^{\mathrm{H}} & \boldsymbol{A}_{22}^{\mathrm{H}} & \cdots & \boldsymbol{A}_{m2}^{\mathrm{H}} \\ \vdots & \vdots & \vdots & \vdots \\ \boldsymbol{A}_{1n}^{\mathrm{H}} & \boldsymbol{A}_{2n}^{\mathrm{H}} & \cdots & \boldsymbol{A}_{mn}^{\mathrm{H}} \end{bmatrix} \tag{4-23}$$

4.4.3 稀疏表示

信号的稀疏表示指的是使用少量基本信号的线性组合表示目标信号。压缩感知又称为压缩采样，是一种与数据采集的传统 Nyquist 方法不同的新采样技术。压缩感知理论认为，某些信号和图像可以用少样本恢复和重构，不必像传统方法那样用太多的样本。

一个含有大多数零元素的向量或者矩阵称为稀疏向量或者稀疏矩阵。

信号向量$\boldsymbol{y}\in R^m$最多可分解为m个正交基（向量）$\boldsymbol{g}_k\in R^m(k=1,2,\cdots,m)$，这些正交基的集合称为完备正交基。此时，信号分解为

$$\boldsymbol{y}=G\boldsymbol{c}=\sum_{i=1}^{m}c_i\boldsymbol{g}_i \tag{4-24}$$

式中的系数向量$\boldsymbol{c}$一定是非稀疏的。

若将信号向量$\boldsymbol{y}\in R^m$分解为n个m维向量$\boldsymbol{a}_i\in R^m(i=1,2,\cdots,n;n>m)$

的线性组合，则

$$\boldsymbol{y}=\boldsymbol{A}\boldsymbol{x}=\sum_{i=1}^{n} x_i \boldsymbol{a}_i \ (n>m) \tag{4-25}$$

n 个向量 $\boldsymbol{a}_i \in R^m (i=1,2,\cdots,n; n>m)$ 不可能是正交基的集合。为了与基区别，这些列向量称为原子或框架。由于原子的数量 n 大于向量空间的维数，所以称这些原子的集合是过完备的，过完备的原子组成的矩阵 $\boldsymbol{A}=[a_1,\cdots,a_n]\in R^{m\times n}(n>m)$ 称为字典或库。

（1）字典（矩阵）$\boldsymbol{A}$

通常作如下假设。

① $\boldsymbol{A}$ 的行数小于列数。

② $\boldsymbol{A}$ 具有满行秩。

③ $\boldsymbol{A}$ 的列具有单位 Euclidean 范数 $\|\boldsymbol{a}_j\|_2=1, j=1,\cdots,n$。

信号过完备分解式称为欠定方程，存在无穷多组解向量 $\boldsymbol{x}$。有两种方法求解这种欠定方程。

（2）范数

① 经典方法（求最小 L_2 范数解）。

$$\min\|\boldsymbol{x}\|_2 \quad \text{subject to} \quad \boldsymbol{A}\boldsymbol{x}=\boldsymbol{y} \tag{4-26}$$

这种方法不太符合实际应用稀疏的要求，因为解是唯一的，其物理解释为最小能量解，这种解的每个元素一般取非零值。

② 现代方法（求最小 L_0 范数解）。

$$\min\|\boldsymbol{x}\|_0 \quad \text{subject to} \quad \boldsymbol{A}\boldsymbol{x}=\boldsymbol{y} \tag{4-27}$$

L_0 范数 $\|\boldsymbol{x}\|_0$ 是向量 $\boldsymbol{x}$ 的非零元素的数量。

这种方法针对实际应用情况，只选择一个稀疏的解向量，因为稀疏系数向量 $\boldsymbol{x}$ 是应用中令人最感兴趣的解。

在存在观测数据误差或背景噪声的情况下，最小 L_0 范数解为

$$\min\|\boldsymbol{x}\|_0 \quad \text{subject to} \quad \|\boldsymbol{A}\boldsymbol{x}-\boldsymbol{y}\|_2 \leqslant \varepsilon \tag{4-28}$$

式中，ε 为一个小的误差或扰动。

当系数 $\boldsymbol{x}$ 为稀疏向量时，信号分解 $\boldsymbol{y}=\boldsymbol{A}\boldsymbol{x}$ 称为信号的稀疏分解。其中，字典（矩阵）$\boldsymbol{A}$ 的列称为解释常量。向量 $\boldsymbol{y}$ 称为响应变量或目标信号。$\boldsymbol{A}\boldsymbol{x}$ 称为响应的线性预测，$\boldsymbol{x}$ 则视为目标信号 $\boldsymbol{y}$ 相对于字典（矩阵）$\boldsymbol{A}$ 的一种表示。

稀疏表示是机器学习、模式识别、信号处理、通信、信息论、计算机视觉等领域的一大研究和应用热点。

4.5 树和随机森林算法

4.5.1 决策树

基于树的学习算法是一种非参数化的有监督学习算法，它是包含决策规则的决策树，之所以称为决策树是因为这些决策规则看起来像一棵倒置的树。第一个决策规则在树的顶部，然后决策规则向下面展开，每一个决策规则产生一个决策节点，这个决策节点包含新的节点的分支。没有决策规则的分支是叶子节点。决策树的结构和流程图比较类似，对输入数据点分类或者根据给定输入来预测输出值。

程序代码如下。

```
In [2]: #加载库
        from sklearn.tree import DecisionTreeClassifier
        from sklearn import datasets
        #加载数据
        iris=datasets.load_iris()
        features=iris.data
        target=iris.target
        #创建决策树分类器对象
        decisiontree=DecisionTreeClassifier(random_state=0)
        #训练模型
        model=decisiontree.fit(features,target)
```

```
In [6]: #创建新样本
        observation=[[5,4,3,2]]
        #预测样本的分类
        model.predict(observation)

Out[6]: array([1])
```

4.5.2 随机森林

21 世纪初，Leo Breiman 提出了著名的随机森林算法，这种算法便捷并且独特，是机器学习领域中很受欢迎的算法。随机森林算法用于医疗、营销等方面，也用于交通领域，相比于其他算法，随机森林算法的准确性比较高。

随机森林是一种集成学习的思想，将多棵树集成的一种算法，它的元分类器是回归树，在进行训练的时候采用的是 Bagging 方法，是由无数棵决策树组成的集成学习算法。集成学习算法在处理任务时，是采用很多个学习器来工作的，这样可以使算法对新鲜样本的适应能力大大提升，最有代表性的就是 Bagging 法和 Boosting 法。集成学习是将多个不同的基模型组合成一个模型的学习方法，利用多个基模型之间的差异使模型表现得更好。

Boosting 算法最初是由 Schapire 提出的，Schapire 通过研究发现强分类器能够由若干弱分类器集成，他的发现为集成学习打下了很好的理论基础。

Boosting 算法经过很多年的改进和发展，有了较多的变化，比较典型的是 AdaBoost 算法。使用 Boosting 算法处理分类任务时，首先将其分为若干子分类器，让它们各自聚焦于特定的复杂数据，其次再把它们合并为强分类器。Boosting 算法的步骤为：首先在样本集合 S 中进行 t 次采样，统计学习这些子样本，可以得到假设 R_{i}，将这些假设合并到一起组成 R_{f}，最后将 R_{f} 用于处理具体的分类任务。下面的公式分别展示了 Boosting 算法的三个核心要素，即函数模型、目标函数和优化算法。

$$F(x)=\sum_{i=1}^{k} f_i(x;\theta_i) \tag{4-29}$$

$$E\{F(x)\}=E\left\{\sum_{i=1}^{k} f_i(x;\theta_i)\right\} \tag{4-30}$$

$$\theta_m^* = \mathrm{argmin} E\left\{\sum_{i=1}^{k} f_i(x;\theta_i)\right\}+f_m(x;\theta_m) \tag{4-31}$$

Bagging 算法也是集成学习的典型，它基于自助采样算法。首先从大小为 t 的数据集有放回地随机采样。这样经过 t 次随机采样操作之后，可以得到 t 采样集。最后使用投票表决决定分类问题，用取平均值作为结果来解决回归问题。

随机森林有两个核心问题：一个是随机；另一个是森林。森林表示由很多棵决策树组成，所有的决策树都可以看成分类器，输入数据之后，每棵树都有自己的分类结果。最后随机森林汇总这些结果，把每种结果都考虑到，把获得最多投票的结果作为随机森林的输出。

随机森林中有多种分类器，分类的第一步是将样本输入每棵树中，以根据特定标准来分类；第二步是每个分类树都能独立决定对这个分类的结果，并将票数最多的作为最终结果。树之间相互独立。几棵优质的树能够不受噪声影响，给出比较好的结果。如果想要一个强分类器，可以将几个弱分类器的结果综合起来考虑。

运用随机森林算法的程序代码如下。

```
In [8]: #加载库
        from sklearn.ensemble import RandomForestClassifier
        from sklearn import datasets
        #加载数据
        iris=datasets.load_iris()
        features=iris.data
        target=iris.target
        #创建随机森林分类器对象
        randomforest=RandomForestClassifier(random_state=0,n_jobs=-1)
        #训练模型
        model=randomforest.fit(features,target)
        #创建新样本
        observation=[[5,4,3,2]]
        #预测样本分类
        model.predict(observation)

Out[8]: array([1])
```

4.6 KNN 算法

KNN 分类器是有监督学习的简单普遍的分类器之一。KNN 分类器没有训练一个模型做预测，而是将观察值的分类判定为离它最近的 k 个观察值中占比例最大的那个分类。

原理：KNN 的原理就是当预测一个新的值的时候，根据它距离最近的 k 个点是什么类别来判断这个值的类别。通过欧氏距离或者曼哈顿距离计算得到两个点的距离，对所有的点和这个新的点的距离的大小来判断这个点的类别。

欧氏距离采用得最多（二维空间的两个点）。

$$\rho=\sqrt{(x_2-x_1)^2+(y_2-y_1)^2} \tag{4-32}$$

多维空间的点的距离公式为

$$d(x,y)=\sqrt{(x_1-y_1)^2+(x_2-y_2)^2+\cdots+(x_n-y_n)^2}=\sqrt{\sum_{i=1}^{n}(x_i-y_i)^2} \tag{4-33}$$

程序代码如下。

```
In [9]: #加载库
from sklearn import datasets
from sklearn.neighbors import NearestNeighbors
from sklearn.preprocessing import StandardScaler
```

```
In [14]: #加载数据
iris=datasets.load_iris()
featrues=iris.data
#创建standarizer
standardizer=StandardScaler()
#特征标准化
features_standardized=standardizer.fit_transform(features)
#距离两个点最近的观察值
nearest_neighbors=NearestNeighbors(n_neighbors=2).fit(features_standardized)
#创建一个观察值
new_observation=[1,1,1,1]
#获取离观察值最近的两个点的索引，以及到这两个点的距离
distances,indices=nearest_neighbors.kneighbors([new_observation])
features_standardized[indices]

Out[14]: array([[[1.03800476, 0.56925129, 1.10395287, 1.1850097 ],
        [0.79566902, 0.33784833, 0.76275864, 1.05353673]]])
```

4.7 贝叶斯理论

贝叶斯分类是一系列分类算法的总称，这些算法以贝叶斯理论为基础，所

以统称为贝叶斯分类。朴素贝叶斯算法是其中应用最为广泛的分类算法之一。在 Python 的 Sklearn 模块库中，有很多关于贝叶斯原理的算法函数，比如：MultinomialNB（多项式朴素贝叶斯算法），函数接口是 MultinomialNB（alpha=1.0，fit_prior=True，class_prior=None）；GaussianNB（高斯朴素贝叶斯算法）；BernoulliNB（伯努利朴素贝叶斯算法）。

4.7.1 条件概率和乘法定理

设 A、B 是任意两个事件，且 $P(\mathrm{A})>0$，则在事件 A 已经发生的条件下，事件 B 发生的条件概率为

$$P(\mathrm{B}|\mathrm{A})=\frac{P(\mathrm{AB})}{P(\mathrm{A})} \tag{4-34}$$

式中，$P(\mathrm{A})$ 为先验概率；$P(\mathrm{B}|\mathrm{A})$ 为后验概率。

因此，可得到乘法定理：若对任意两个事件 A、B 都有 $P(\mathrm{A})>0$，$P(\mathrm{B})>0$，则有

$$P(\mathrm{AB})=P(\mathrm{A})P(\mathrm{B}|\mathrm{A})=P(\mathrm{B})P(\mathrm{A}|\mathrm{B}) \tag{4-35}$$

设 A_1，A_2，…，A_n 为任意 n 个事件，$n\geqslant 2$，且 $P(\mathrm{A}_1, \mathrm{A}_2, \cdots, \mathrm{A}_n)>0$，则有

$$P(\mathrm{A}_1\mathrm{A}_2\cdots\mathrm{A}_n)=P(\mathrm{A}_1)P(\mathrm{A}_2|\mathrm{A}_1)P(\mathrm{A}_3|\mathrm{A}_1\mathrm{A}_2)\cdots P(\mathrm{A}_n|\mathrm{A}_1\mathrm{A}_2\cdots\mathrm{A}_{n-1}) \tag{4-36}$$

对任意事件 B，有全概率公式，如下所示。

$$P(\mathrm{B})=\sum_{i=1}^{n}P(\mathrm{A}_i)P(\mathrm{B}\mid\mathrm{A}_i) \tag{4-37}$$

由以上条件概率和全概率公式可以得到贝叶斯定理，如下所示。

$$P(\mathrm{A}_j\mid\mathrm{B})=\frac{P(\mathrm{A}_j)P(\mathrm{B}\mid\mathrm{A}_j)}{\sum_{i=1}^{n}P(\mathrm{A}_i)P(\mathrm{B}\mid\mathrm{A}_i)} \tag{4-38}$$

4.7.2 朴素贝叶斯分类器

朴素贝叶斯分类器是基于式(4-38) 工作的。

$$P(y|x_1,\cdots,x_j)=\frac{P(x_1,\cdots,x_j|y)P(y)}{P(x_1,\cdots,x_j)} \tag{4-39}$$

式中，$P(y|x_1,\cdots,x_j)$ 为后验概率；$P(x_1,\cdots,x_j|y)$ 为似然概率；$P(y)$ 为先验概率；$P(x_1,\cdots,x_j)$ 为边缘概率。

假设特征 x 的似然概率服从正态分布，则

$$p(x_j|y)=\frac{1}{\sqrt{2\pi\sigma_y^2}}e^{-\frac{(x_j-\mu_y)^2}{2\sigma_y^2}} \tag{4-40}$$

程序代码如下。

```
In [19]: #加载库
from sklearn import datasets
from sklearn.naive_bayes import GaussianNB
#加载数据
iris=datasets.load_iris()
features=iris.data
target=iris.target
#创建高斯朴素贝叶斯对象
classifer=GaussianNB()
#训练模型
model=classifer.fit(features,target)
#创建一个观察值
new_observation=[[4,4,4,0.4]]
#预测分类
model.predict(new_observation)

Out[19]: array([1])
```

4.8 支持向量机

支持向量机（Support Vector Machines，SVM）是一种机器学习方法，它用于解决如何由一个非线性问题转换到另一个线性空间的问题。它基于结构风险最小化原则，主要特点是运用小样本、非线性、高维数等，在运行速度上比较慢，对于大型数据处理不太适用。SVM 模型能够处理模式识别和回归问题，并且可以应用到预测和综合评价等领域。

SVM 是由美国的 Vapnik 教授在 20 世纪 90 年代提出的，在 90 年代后期得到了发展，是一种受欢迎的机器学习方法。它是将输入样本通过函数变换映射到高维空间，使得样本分离。在 SVM 算法中，核算法是其中重要的一部分，在 SVM 分类中关键就是构造出核函数，即寻找一个代替在特征空间中的内积计算的核函数。

支持向量机的结构示意如图 4-2 所示。

支持向量机主要用于解决分类和回归问题，在此只研究分类问题。根据给定的训练集 $T=\{(x_1,y_1),\cdots,(x_l,y_l)\}\in(X\times Y)^l$，其中 $x_i\in X=R^n$，$y_i\in Y=\{1,-1\},i=1,\cdots,l$，在 $X=R^n$ 上寻找一个实值函数 $g(x)$，以便用决策函数 $f(x)=\mathrm{sgn}[g(x)]$ 推断 x 相对应的 y 值。当 $g(x)$ 为线性函数时，称为线性分类学习机；当 $g(x)$ 为非线性函数时，称为非线性分类学习机。

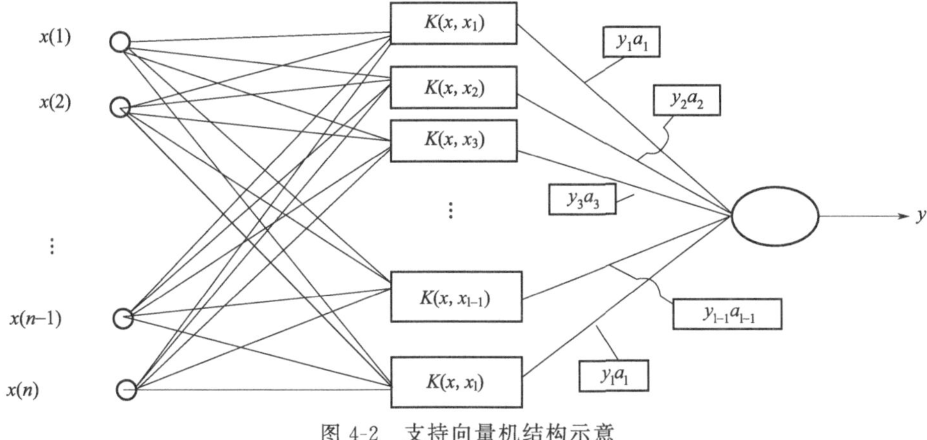

图 4-2　支持向量机结构示意

支持向量机是针对线性可分情况进行分析的，对于不可分的情况，利用非线性映射的方法将低维转化为高维特征空间使其线性可分，因此使得样本的非线性特征进行线性分析成为可能。它基于结构风险最小化理论之上，在特征空间构造最优分割超平面，使全局最优化。它的目标是根据结构风险最小化原理，构造一个目标函数进行分类。

在解决支持向量机分类的时候，需要理解拉格朗日乘子法和 KKT 条件。

（1）拉格朗日乘子法

给定一个最优化问题，最优化目标函数为 $f(\vec{w})$，约束条件为 $h_i(\vec{w})=0$，$i=1,2,\cdots,m$。拉格朗日函数为

$$J(\vec{w},\vec{\beta})=f(\vec{w})+\sum_{i=1}^{m}\beta_i h_i(\vec{w}) \tag{4-41}$$

式中，β_i 为拉格朗日乘子。

偏导方程的求解：$\frac{\partial J}{\partial w}=0$，$\frac{\partial J}{\partial \beta_i}=0$，可以求得 w、β 的值。

（2） KKT 条件

当约束条件为不等式约束时，拉格朗日乘子法则不能解决问题，需要使用 KKT 条件来求取问题的解。最小化目标函数为 $f(\vec{w})$，约束条件为 $h_i(\vec{w})=0,i=1,2,\cdots,m,g_i(\vec{w})\leqslant 0,i=1,2\cdots,k$。

拉格朗日函数为

$$J(\vec{w},\vec{\beta})=f(\vec{w})+\sum_{i=1}^{m}\beta_i h_i(\vec{w})+\sum_{i=1}^{k}a_i g_i(\vec{w}) \tag{4-42}$$

β_i 和 a_i 为拉格朗日乘子，可以列出方程为

$$\begin{cases}\dfrac{\partial J}{\partial w}=0\\ \dfrac{\partial J}{\partial \beta_i}=0\\ a_i g_i(\vec{w})=0, i=1,2,3,\cdots,k\\ g_i(\vec{w})\leqslant 0, i=1,2,3,\cdots,k\\ h_i(\vec{w})\leqslant 0, i=1,2,3,\cdots,k\end{cases} \tag{4-43}$$

这个含有不等式约束的优化问题，使用KKT条件来解决，把上面的这些不等式约束、等式约束和目标函数用一个公式表达为$L(a,b,x)=f(x)+a^* g(x)+b^* h(x)$，KKT条件要求最优值必须满足以下条件：$a^* g(x)=0$，对$x$求导为零；$h(x)=0$；$a^* g(x)=0$。求取这三个等式后就能得到最优值。

线性支持向量分类机的算法如下。

设二分类样本集$\{(x_i,y_i)\mid x_i\in R^n;y_i\in\{-1,+1\},i=1,\cdots,I\}$，找出间隔最大的最优超平面$L$，能够把标为$-1$和$+1$的两类点分开。

在n维欧几里得空间中超平面L可以用线性方程$\langle w,x\rangle+b=0$表示，式中，$\boldsymbol{w}$为系数向量；$\boldsymbol{x}$为n维向量；$\langle \boldsymbol{w},\boldsymbol{x}\rangle$为内积；$b$为常数。

点x_i到超平面的距离d可以表示为

$$d(x_i,L)=\frac{|\langle \boldsymbol{w},x_i\rangle+b|}{\|\boldsymbol{w}\|} \tag{4-44}$$

要使得d最大，也就是使得$\frac{1}{2}\|\boldsymbol{w}\|^2$最小。因此，得到在约束条件下的极值问题如下。

$$\begin{cases}\min \dfrac{1}{2}\|\boldsymbol{w}\|^2\\ y_i(\langle \boldsymbol{w},x_i\rangle+b)\geqslant 1, i=1,2,\cdots,I\end{cases} \tag{4-45}$$

在求带有约束条件的优化时，引入拉格朗日乘子法来求解比较方便，拉格朗日乘子$a=(a_1,a_2,\cdots,a_l)$，解关于该参变量的方程。

$$Q(a)=\sum_{i}^{l}\frac{1}{2}a_i a_j y_i y_j\langle x_i,x_j\rangle \tag{4-46}$$

约束条件为

$$\sum_{i=1}^{l}\sum_{j=1}^{l}a_i y_i=0, a_i\geqslant 0, i=1,2,\cdots,I \tag{4-47}$$

$Q(a)$ 达到最大值的 a 的分量有很多都为 0。不为 0 的 a 所对应的样本就是支持向量。

线性可分情况下的最优分类线如图 4-3 所示。

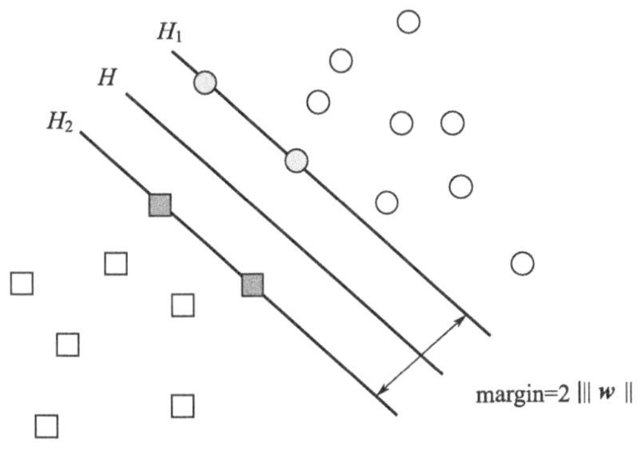

图 4-3　线性可分情况下的最优分类线

在线性不可分的情况下，将低维的数据映射到更高的维次，使得数据重新线性可分。转化的关键就是核函数的选择。

由于在采集样本数据时可能存在误差，于是引入松弛变量 ξ_i 对问题进行优化，因此得到转化的拉格朗日函数为

$$L=\frac{1}{2}\|\boldsymbol{w}\|^2+C\sum_i \xi_i-\sum_i a_i[y_i(\boldsymbol{w}x+b)-1+\xi_i]-\sum_i \mu_i\xi_i \tag{4-48}$$

其对偶问题为

$$\begin{aligned}&\max Q(u)-\sum_{i=1}^{l}u_i-\frac{1}{2}\sum_{i=1}^{l}\sum_{j=1}^{l}y_iy_ja_ia_j(x_ix_j)\\&\text{s.t.}\quad \sum_{i=1}^{t}y_ia_ix_i=0,\ 0\leqslant a_i\leqslant C, i=1,\cdots,t\end{aligned} \tag{4-49}$$

其中 C 为惩罚参数，其对应的条件为

$$\begin{aligned}&a_i\{y_i[(\boldsymbol{w}x)_i+b]-1+\xi\}_i=0\\&(C-a_i)\xi_i=0\end{aligned} \tag{4-50}$$

求得 b 为

$$\sum_{x_i}y_ia_i(x_ix)+b=0 \tag{4-51}$$

得出判别函数为

$$y = \text{sgn}\left[\sum_{i=1}^{t} y_i a_i (x_i x) + b\right] \tag{4-52}$$

选择不同的核函数，得到不同的 SVM，常用的核函数有：线性核函数 $K(x, y) = xy$，多项式核函数 $K(x, y) = (xy+1)^d$，径向基核函数 $K(x, y) = \exp\left(\frac{-|x-y|^2}{d^2}\right)$，高斯核函数 $K(x, y) = \exp\left(-\frac{\| x-y \|^2}{2\sigma^2}\right)$，二层神经网络核函数 $K(x, y) = \tanh[a(xy)+b]$。

程序代码如下。

```
In [15]: #加载库
         from sklearn.svm import LinearSVC
         from sklearn import datasets
         from sklearn.preprocessing import StandardScaler
         import numpy as np
```

```
In [16]: #加载数据
         iris=datasets.load_iris()
         features=iris.data[:100,:2]
         target=iris.target[:100]
         #标准化特征
         scaler=StandardScaler()
         features_standardized=scaler.fit_transform(features)
         #创建支持向量机分类器
         svc=LinearSVC(C=1.0)
         #训练模型
         model=svc.fit(features_standardized,target)
```

```
In [18]: #加载库
         from matplotlib import pyplot as plt
         #画出样本点
         color=["black" if c==0 else "lightgrey" for c in target]
         plt.scatter(features_standardized[:,0],features_standardized[:,1],c=color)
         #创建超平面
         w=svc.coef_[0]
         a=-w[0]/w[1]
         xx=np.linspace(-2.5,2.5)
         yy=a*xx-(svc.intercept_[0])/w[1]

         #画出超平面
         plt.plot(xx,yy)
         plt.axis("off"),plt.show();
         #创建一个新的样本点
         new_observation=[[-2,3]]
         #预测新样本点的分类
         svc.predict(new_observation)
```

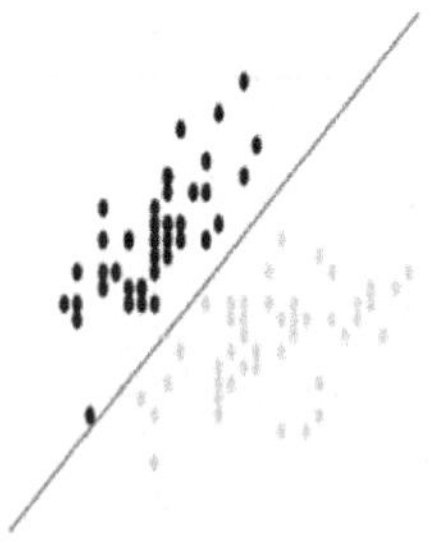

Out[18]: array([0])

4.9 神经网络

4.9.1 神经网络原理

（1）神经网络及其优化技术

1943 年，数理逻辑学家 McCulloch 和心理学家 Pitts 首先提出神经元数学模型。1949 年 Hebb 从心理学的角度提出了 Hebb 学习法则。20 世纪 60 年代初期，Rosenblatt 设计了一种多层神经网络的感知机。美国物理学家 Hopfield 在神经网络中引入李雅谱诺夫能量函数，使用非线性动力学的方法分析神经网络。20 世纪 60 年代初期，Widrow 和 Hoff 提出了自适应线性神经网络。

1985 年 Rumelhart 和 McClelland 提出误差后向传播（Back Propagation，BP）学习算法。BP 神经网络是目前应用广泛的神经网络算法，它具有很强的解决问题的能力。神经网络已经成为神经科学、脑科学、心理学、认知科学、计算机科学和数理科学、交通等领域的重要组成部分，作为人类智能研究的重要部分之一，近年来各个领域的学者对其产生一定的兴趣，成为各个领域研究的专题之一。神经网络的应用中，大部分采用 BP 神经网络或者它的变换形式。

（2）神经网络模型

神经网络是一种类似人类神经系统的信息处理技术，它是将生物学原理应用于计算机科学的成果。神经网络是一种基于生物神经网络建立的数据处理模型，由大量的神经元相互连接，并且根据外界的变化不停地调整自身的结构，通过调整神经元的权值对输入的数据进行建模，然后解决实际问题。神经网络包括很多种，最常用的一种是 BP 神经网络。

神经网络的主要应用如下。

① 模式识别：神经网络的非线性给模式识别带来更好的识别能力，它能将非线性的问题映射到一个高维的空间来解决识别问题。

② 聚类：分类是进行有监督的学习，在已知正确类别样本的情况下，聚类是完全根据给定样本间的相似性进行的。

③ 回归与拟合：神经网络具有对函数拟合问题很好的解决能力。相似的样本输入神经网络进行映射能够得到相近的输出。

④ 优化计算：优化计算就是寻找一组参数的组合，使得组合确定的目标函数得到最小值的过程，神经网络的训练过程就是调整权值，使得输出误差最小化的过程。

⑤ 数据压缩：神经网络将数据存储在权值中，就是一种数据压缩的过程，实际上它就是将原有的数据用更小的数量表示。

（3） BP 神经网络训练

通过反向传播算法来调整 BP 神经网络的参数。BP 神经网络参数的调整方法主要有梯度下降法、弹性梯度下降法、有动量的梯度下降法、量化共轭梯度法、Fletcher-Reeves 共轭梯度法、Powell-Beale 共轭梯度法、Polak-Ribiere 共轭梯度法等。

4.9.2 BP 神经网络的训练

（1）确定参数

输入向量：$\boldsymbol{X}=[x_1,x_2,\cdots,x_n]^{\mathrm{T}}$（$n$ 为输入层单元数）。

输出向量：$\boldsymbol{Y}=[y_1,y_2,\cdots,y_q]^{\mathrm{T}}$（$q$ 为输出层单元数）。

希望输出向量：$\boldsymbol{O}=[o_1,o_2,\cdots,o_q]^{\mathrm{T}}$。

确定隐含层输出向量：$\boldsymbol{B}=[b_1,b_2,\cdots,b_p]^{\mathrm{T}}$（$p$ 为隐含层单元数）。

初始化输入层至隐含层的连接权值：$\boldsymbol{W}_j=[w_{j1},w_{j2},\cdots,w_{jn}]^{\mathrm{T}},j=1,2,\cdots,p$。

初始化隐含层至输出层的连接权值：$\boldsymbol{V}_k=[v_{k1},v_{k2},\cdots,v_{kp}]^{\mathrm{T}},k=1,2,\cdots,q$。

（2）输入模式

输入层各个神经元的激活值为

$$s_k=\sum_{j=1}^{p}v_{kj}b_j-\theta_k(j=1,2,\cdots,p) \tag{4-53}$$

激活函数采用 S 型函数，它是连续可微分的，比其他函数更接近生物神经元的信号输出形式。$f(x)$ 为 S 型激活函数。

S 型函数为

$$f(x)=\frac{1}{1+\exp(-x)} \tag{4-54}$$

将激活值代入激活函数中可得隐含层 j 单元的输出值为

$$b_j=f(s_j)=\frac{1}{1+\exp\left(-\sum_{i=1}^{n}w_{ji}x_i+\theta_j\right)} \tag{4-55}$$

式中，w_{ji} 为输入层至隐含层的连接权值；θ_j 为隐含层单元的阈值。

输出层第 k 个单元的激活值为

$$s_k=\sum_{j=1}^{p} v_{kj} b_j-\theta_k \tag{4-56}$$

式中，θ_k 为输出层单元的阈值。

输出层第 k 个单元的实际输出值为

$$y_k=f(s_k) \quad (k=1,2,\cdots,q) \tag{4-57}$$

(3) 输出模式

当输出值与希望的输出值不一样时或者误差大于所限定的数值时，要对网络进行校正。校正是从后向前进行的，先通过输出层到隐含层，再从隐含层到输入层，循环往复直至误差或者输出的实际值和输出的希望值一致为止。

输出层的校正误差为

$$d_k=(o_k-y_k)y_k(1-y_k) \quad (k=1,2,\cdots,q) \tag{4-58}$$

式中，o_k 为希望输出；y_k 为实际输出。

隐含层各单元的校正误差为

$$e_j=\left(\sum_{k=1}^{q} v_{kj}\right) b_j(1-b_j) \tag{4-59}$$

对于输出层至隐含层连接权值和输出层阈值的校正量为

$$\begin{aligned}\Delta v_{kj}&=ad_k b_j\\ \Delta\theta_k&=ad_k\end{aligned} \tag{4-60}$$

式中，b_j 为隐含层 j 单元的输出；d_k 为输出层的校正误差；a 为学习系数，$a>0$。

隐含层至输入层的校正量为

$$\begin{aligned}\Delta w_{ji}&=\beta e_j x_i\\ \Delta\theta_j&=\beta e_j\end{aligned} \tag{4-61}$$

式中，e_j 为隐含层 j 单元的校正误差；β 为学习系数，$0<\beta<1$。

BP 神经网络在每次训练结束后，都要进行学习结果的判别。判别输出误差是否小到允许的程度，如果到了允许的程度，就结束学习过程，否则还要进行循环训练。

4.9.3 BP 神经网络的设计

(1) 网络种类和网络层数的确定

在运用神经网络时，不同的对象建立的网络结构不同。

大多数通用的神经网络都事先已经确定了网络的层数，但是 BP 神经网络包含不同的隐含层，经大量的分析研究表明，在不限制隐含层节点数目的情况下，两层的 BP 网络能实现任意非线性映射。如果样本数量较少，较少的隐含层神经元数量也能实现模式样本空间的划分。因此，选择两层的 BP 神经网络即可。如果样本数较多，可以增加一个隐含层，但是 BP 网络隐含层数一般不超过两层。

在实际确定的时候，隐含层数没有明确的规定。一般在增加隐含层时能够降低网络的误差，提高精度，但是网络会变得更加复杂，因此，网络训练的时间也会增加，这个时候容易出现过拟合的现象，泛化能力下降。目前，BP 网络为了达到更好的效果，容易实现，训练效果又好，一般选择三层的 BP 神经网络，并可以通过增加神经元数量的方法来获得较低的误差。

（2）传递函数的确定

BP 神经网络通过 S 型函数来表示它的非线性逼近能力，因此隐含层一般采用 S 型传递函数，输出层的传递函数也可以采用 S 型传递函数或线性传递函数。如果网络的输出范围没有任何限制，可使用线性传递函数。如果 S 型传递函数为输出层传递函数，则它的非线性逼近速度大于线性传递函数，但是网络输出被限制在（0，1）或者（－1，1）。

选用 S 型传递函数为输入层和隐含层。

（3）确定输入层和输出层神经元数量

根据识别特征所得到的特征向量的维度来确定输入层神经元的数量。特征向量维度不能太高，如果维度太高，则速度和精度得不到改善，脑电特征识别对很小的偏移就会特别敏感；如果维度过低，则不能描述脑电特征之间的差异。

（4）确定隐含层神经元的数量

隐含层神经元数量的选择十分重要，它的选择影响神经网络模型的性能，如果选择不好，训练的时候容易出现过拟合现象。在隐含层中神经元的数量过少，训练的过程中，网络的学习时间会增加，迭代的次数也多，权值也会不断调整，网络所需要的存数容量也会变大。隐含层神经元的数量增加，网络误差会迅速减小然后稳定，因此在选择神经元数量的时候应该选择能使误差迅速减小的神经元的数量。但是神经元数量过多会引起过拟合现象，因此选择神经元的数量时遵循的一条原则是，在保证足够精度的情况下，尽量少地选择神经元的数量。

根据文献，可以得到隐含层神经元数量的经验公式。

$$l=\sqrt{mn} \tag{4-62}$$

式中，m 为输入层神经元数量；n 为输出层神经元数量。

一般在实际操作中，隐含层的神经元数量采用两种方法相结合的方式来确定，即经验公式和实验相结合的方式。如果为 m 个输入神经元、n 个输出神经元的神经网络，则隐含层神经元的数量按照如下公式计算。

$$h=\sqrt{m+n}+a \tag{4-63}$$

式中，$a\in[1,10]$。

(5) 初始值的选取

神经网络初始值的选取非常重要，它关系到学习是否达到局部最小，是否收敛，训练时间是否太长等。如果初始值太大，会导致加权后的输入落入 S 型传递函数的饱和区，使得其导数变得非常小，这样在计算权值修正的过程中，导数趋近于零，使得调节过程几乎停止。初始值一般选取（−1，1）之间比较小的数值，可以保证每个神经元在开始时就能处在传递函数变化最大的地方。

(6) 确定训练函数

BP 神经网络有三个训练函数，分别为“trainrp”“traingdx”和“trainscg”。选择不同的训练函数，所得到的训练效果是不一样的。

traingdx 函数结合两种方法对网络进行训练：一种是动量梯度下降反向传播算法；另一种是自适应学习速率梯度下降算法。这个函数能够使得网络的训练速度和稳定性有一定程度的提高，但是收敛比较慢。trainrp 函数用弹性反向传播算法对网络权值和阈值进行调整及训练，该函数提高了网络的学习速率，收敛速度快，但是随着网络训练误差减小其性能变差。trainscg 函数结合了模型置信区间方法和共轭梯度算法，网络训练的速度提高了，收敛较快，性能较稳定。

(7) 学习速率的选取

学习速率的范围一般为 0.01～0.8，在选取的时候一般选取较小的学习速率，可以保证系统的稳定性。如果学习速率取值太大，会导致系统不稳定；如果取值太小，网络训练的时间会增加，收敛也变得较慢。

(8) 动量因子的选取

动量因子为 0～1，在选取的时候一般取值比学习速率大。动量因子的引入可以平滑误差曲面梯度方向的剧烈变化。

4.9.4 神经网络优化技术

神经网络的泛化能力与数据集的复杂度以及样本的数量和分布、网络结构的规模等有关。神经网络的泛化能力取决于训练样本和网络结构两个因素。

对于神经网络泛化能力的研究可以从两个方面来分析。

① 网络结构一定的时候，需要多少样本可以保证泛化能力。

② 样本数一定的时候，设计网络结构提高泛化能力。一般情况下，都是样本数已经确定，去设计较优的网络结构或学习算法提高泛化能力。因此，提高泛化能力就是网络结构和算法优化问题。但是最优的网络结构或者优化算法的选择比样本数的选择更困难。

典型的误差修正算法是 BP 算法，它是利用梯度下降法对权值进行修正，训练到误差值达到目标规定的精度范围。但是这种算法收敛速度慢，有可能还不收敛。很多学者提出了改进的学习算法，如共轭梯度法、非线性最小二乘法、正交最小二乘法和分层学习算法等。这些算法通过计算目标函数的梯度来确定一个最速下降方向，然后进行一维搜索过程。但是，这些算法基于梯度下降的方向只能保证局部的最优解，无法保证全局的最优解，而且传统的优化算法要求目标函数至少是一阶连续可微，因此在这两个方面限制了算法的优化应用。

因此全局优化算法受到学者们的注意。分别用进化策略、遗传算法等在解空间内搜索最优解。遗传算法是进化计算中研究最多的算法，它能处理很多复杂问题，但是依然容易陷入局部最优解。在进化计算的同时需要使用较多的参数，在训练神经网络时不能控制其过程。而粒子群优化算法克服了以上的缺陷，它不但算法简单，而且具有全局优化能力。

4.9.5 神经网络 Python 基础

（1）神经网络中的数据表示

数据存储在多维 NumPy 数组中，也叫张量，当前机器学习系统都使用张量作为基本数据结构。张量是一个数据容器，张量是矩阵的推广，张量的维度也叫作轴。

仅含一个数字的张量是标量，也叫标量张量、零维张量或 0D 张量，一个 float32 或 float64 的数字就是一个标量张量。

数字组成的数组也叫向量或一维张量。一维张量只有一个轴。向量组成的数组叫作矩阵，也叫作二维张量，矩阵有两个轴，通常叫作行或列。第一个轴上的元素叫作行，第二个轴上的元素叫作列。将多个矩阵组合成一个新的数组，于是得到一个三维张量，即数字组成的立方体，将多个三维张量组合成一个数组，于是创建了一个四维张量。深度学习处理的数据一般是零维到四维的张量，在处理视频数据时可能是五维张量。

（2）关键属性

用以下三个属性定义张量。

① 轴的数量（阶）：三维张量有三个轴，矩阵有两个轴，也叫张量的ndim。

② 形状：形状是一个整数元组，表示张量沿每个轴的维度大小（元素数量）。

③ 数据类型：也叫作 dtype，是张量中包含数据的类型，如 float32、float64、unit8 等。

（3）神经网络——基于梯度的优化

每一个神经层都用下面的方法把输入的数据进行变换并计算。

$$\text{Output}=\text{relu}(\text{dot}(w,\text{imput})+b)$$

式中，w 和 b 都是张量，都是该层的属性，称为该层的权重。根据反馈信号调节权重，这个逐渐调节的过程叫作训练，也就是机器学习中的学习。

在这个过程中发生训练循环，具体过程如下。

① 抽取训练样本 x 和对应目标 y 组成的数据批量。

② 在 x 上运行网络（前向传播），得到预测值 y_pred。

③ 计算网络在这批数据上的损失，也就是预测得到的 y_pred 值和真实的 y 值相比较得出的结果。

④ 为了使得损失最小，应更新网络的权重。

从以上步骤可以看出，第①～③步很容易实现，第④步比较困难。更新网络的权重，简单的解决方案是可以先只考虑一个标量系数，其他权重不变，变换这个标量系数，发现取不同的值，得到的损失有大有小，于是对于每一个参数都这么计算就可以得到最优的值，但是这样计算起来比较烦琐，需要计算很多系数，效率比较低。

一种更好的方法就是利用网络中所有运算都是可微的这一事实，计算损失相对于网络系数的梯度，然后向梯度的相反方向改变系数，从而使损失降低。

梯度是张量运算的导数，是导数向多元函数的推广。多元函数以张量作为输入的函数。

假设有一个输入向量是 x，以及一个矩阵 w、一个目标 y 和一个损失函数 loss，可以用 w 计算预测值 y_pred，然后计算损失。

```
Y_pred=dot (w, x)
Loss_value=loss (y_pred, y)
```

如果输入数据 x 和 y 不变，可以看作将 w 映射到损失值的函数。

```
Loss_value=f (w)
```

如果当前 w 的值是 w0，f 在 w0 点的导数是一个张量 gradient(f)（w0），它的形状和 w 的形状一致，张量 gradient(f)（w0）是函数 f(w)=loss_value 在 w0 的导数。

单变量函数 f(x) 的导数可以看作是函数曲线的斜率，那么 gradient(f)（w0）也可以看作是 f(w) 在 w0 附近曲率的张量。可以通过对 w 向梯度的反方向移动一小步来减小函数的值。

4.9.6 神经网络 Python 代码实现

在机器学习中，分类问题中的某个类别叫作类，数据点叫作样本，某个样本对应的类叫作标签。步骤如下。

（1）安装 Keras

使用 Python 的 Keras 库来学习手写数字分类。Keras 库中有 MNIST 数据库，其中包括 4 个 NumPy 数组。在代码中，加载 MNIST 数据集；训练数据集和测试集，并对数据集的形状进行查看。

```
In [22]: from keras.datasets import mnist

In [23]: (train_images, train_labels), (test_images, test_labels)=mnist.load_data()
         train_images.shape
Out[23]: (60000, 28, 28)

In [24]: len(train_labels)
Out[24]: 60000

In [25]: train_labels
Out[25]: array([5, 0, 4, ..., 5, 6, 8], dtype=uint8)

In [26]: test_images.shape
Out[26]: (10000, 28, 28)
```

（2）构建网络架构

```
In[29]: #网络架构
        from keras import models
        from keras import layers
        network =models.Sequential()
        network.add(layers.Dense(512,activation='relu',input_shape=(28*28,)))
        network.add(layers.Dense(10,activation='softmax'))
```

神经网络的核心层是 layer，它是一种数据处理模块，可以把它看作是过滤器，经过过滤后的数据适合网络模型的需要。2 个 Dense 层，是密集连接的神经层。第二层是一个 10 路 softmax 层，返回概率数组，有 10 个概率值的数组。

训练网络前，需要编译，编译时需要三个选项，一个是损失函数，一个是优化器，一个是训练和测试的时候需要监控的指标（metric）。指标是指正确分类的图像所占的比例。

（3）准备图像数据

需要将图像的数据处理成模型需要的形状，并把所有的值都缩放在 0 和 1 之间，目的是更好地比较。

```
In[30]: #编译步骤
        network.compile(optimizer='rmsprop',loss='categorical_crossentropy',metrics=['accuracy'])
        #准备图像数据
        train_images=train_images.reshape((60000,28*28))
        train_images=train_images.astype('float32')/255
        test_images=test_images.reshape((10000,28*28))
        test_images=test_images.astype('float32')/255
```

（4）对标签进行编码

```
In [10]: #对标签进行编码
         from keras.utils import to_categorical
         train_labels=to_categorical(train_labels)
         test_labels=to_categorical(test_labels)
```

（5）训练网络

用 fit 方法对训练数据进行拟合。

```
In [32]: #训练网络
         network.fit(train_images,train_labels,epochs=5,batch_size=128)

         Epoch 1/5
         60000/60000 [==============================] - 16s 262us/step - loss:0.2553 - accuracy: 0.9270
         Epoch 2/5
         60000/60000 [==============================] - 15s 250us/step - loss:0.1024 - accuracy: 0.9696
         Epoch 3/5
         60000/60000 [==============================] - 14s 238us/step - loss:0.0671 - accuracy: 0.9799
         Epoch 4/5
         60000/60000 [==============================] - 14s 240us/step - loss:0.0485 - accuracy: 0.9854
         Epoch 5/5
         60000/60000 [==============================] - 14s 241us/step - loss:0.0366 - accuracy: 0.9890

Out[32]: <keras.callbacks.callbacks.History at 0x1095fac8>
```

训练数据的准确率达到 98.9%。

(6) 测试数据的性能

```
In [33]: #测试数据的性能
test_loss,test_acc=network.evaluate(test_images,test_labels)
print('test_acc:',test_acc)

10000/10000 [==============================] - 2s 164us/step
test_acc: 0.9783999919891357
```

测试数据准确率达到 97.8%。

4.9.7 神经网络分类与回归

(1) 神经网络组成

① 多个层组合成网络。神经网络的基本数据结构是层，它是一个数据处理模块，将一个或多个输入向量转为一个或多个输出向量。不同的张量格式与不同的数据处理类型需要不同的层，简单的向量数据保存在 2D 张量中，在 Keras 中的 Dense 类。序列数据保存在 3D 张量中，在 Keras 中的 LSTM 层。图像数据保存在 4D 张量中，用 Keras 中的 Conv2D 来处理。

Keras 是一个 Python 深度学习框架，用来定义和训练深度学习模型。内置支持卷积网络、循环网络以及两者的任意组合。典型的 Keras 工作流程有：定义训练数据；定义层组成的网络，将输入映射到目标；选择损失函数、优化器和需要监控的指标；调用模型进行训练。调用模型时使用 Sequential 类，是目前最常用的网络架构。

② 输入数据和相应的目标。

③ 损失函数，用于学习的反馈信号。在训练过程中，目的是使损失达到最小，也是所追求的目标函数最小化。

④ 优化器，决定学习过程如何进行。

(2) 神经网络分类代码实例

通过对神经网络分类代码的实际例子，更清楚地掌握神经网络的运用。

① 加载 Keras 库中自带的 IMDB 数据集。

```
In [18]: from keras.datasets import imdb
(train_data,train_labels),(test_data,test_labels)=imdb.load_data(num_words=10000)
train_data[0]
train_labels[0]
word_index=imdb.get_word_index() #word_index是一个将单词映射为整数索引的字典
reverse_word_index=dict([(value,key) for (key,value) in word_index.items()])
decoded_review=''.join([reverse_word_index.get(i-3,'?') for i in train_data[0]])
```

② 将整数序列编码为二进制矩阵。

In [19]:
```
#准备数据，将整数序列编码为二进制矩阵
import numpy as np
def vectorize_sequences(sequences,dimension=10000):
    results=np.zeros((len(sequences),dimension)),
    for i,sequence in enumerate(sequences):
        results[i,sequence]=1. #将results[i]的指定索引设为1
        return results
x_train=vectorize_sequences(train_data)#将训练数据向量化
x_test=vectorize_sequences(test_data)#将测试数据向量化
x_train[0]
```

In [7]:
```
#将标签向量化
y_train=np.asarray(train_labels).astype('float32')
y_test=np.asarray(test_labels).astype('float32')
```

③ 构建网络。

In [8]:
```
#构建网络
from keras import models
from keras import layers
model=models.Sequential()
model.add(layers.Dense(16,activation='relu',input_shape=(10000,)))
model.add(layers.Dense(16,activation='relu'))
model.add(layers.Dense(1,activation='sigmoid'))
```

④ 编译模型。

In [9]:
```
#编译模型
model.compile(optimizer='rmsprop',loss='binary_crossentropy',metrics=['accuracy'])
```

```
WARNING:tensorflow:From C:\ProgramData\Anaconda3\lib\site-packages\tensorflow\pyt
hon\ops\nn_impl.py:180: add_dispatch_support.<locals>.wrapper (from tensorflow.py
thon.ops.array_ops) is deprecated and will be removed in a future version.
Instructions for updating:
Use tf.where in 2.0, which has the same broadcast rule as np.where
```

⑤ 配置优化器和损失指标。

```
#配置优化器和损失指标
from keras import optimizers
from keras import losses
from keras import metrics
model.compile(optimizer=Optimizers.RMSprop(lr=0.001),
              loss=losses,binary_crossentropy,
              metrics=[metrics.binary_accuracy])
```

⑥ 留出验证集。

In [12]:
```
#留出验证集
x_val=x_train[:10000]
partial_x_train=x_train[10000:]
y_val=y_train[:10000]
partial_y_train=y_train[10000:]
```

⑦ 训练模型。

```
In [15]: #训练模型
model.compile(optimizer='rmsprop',loss='binary_crossentropy',metrics=['acc'])
history=model.fit(partial_x_train,partial_y_train,epochs=20,batch_size=512,validation_data=(x_val,y_val))
```

在训练完成后返回 history 对象，这个 history 对象有一个成员 history 字典，包括训练过程中的所有数据，其中训练过程和验证过程中监控的指标为 val_acc 和 acc。

⑧ 绘制训练损失和验证损失。

```
In [22]: #绘制训练损失和验证损失
import matplotlib.pyplot as plt
history_dict=history.history
loss_values=history_dict['loss']
val_loss_values=history_dict['val_loss']

epochs=range(1,len(loss_values)+1)

plt.plot(epochs,loss_values,'bo',label='Training loss')
plt.plot(epochs,val_loss_values,'b',label='Validation loss ')
plt.title('Training and validation loss ')
plt.xlabel('Epochs')
plt.ylabel('Loss')
plt.legend()

plt.show
Out[22]: <function matplotlib.pyplot.show(*args, **kw)>
```

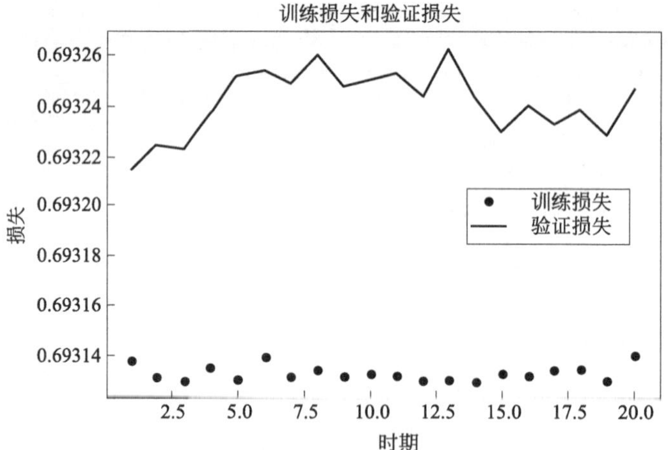

（3）回归问题

回归问题是预测一个连续值。通过一个例子来理解和掌握回归问题。

① 加载数据。

```
In [55]: from keras.datasets import boston_housing
import pandas as  pd
(train_data,train_targets),(test_data,test_target)=boston_housing.load_data()
train_data.shape
test_data.shape
```

```
Out[55]: (102, 13)
```

② 准备数据。

```
In [56]: #准备数据,数据标准化
mean=train_data.mean(axis=0)
train_data-=mean
std=train_data.std(axis=0)
train_data/=std
test_data-=mean
test_data/=std
```

③ 构建网络。

```
In [57]: #构建网络
from keras import models
from keras import layers

def build_model():
    model=models.Sequential()
    model.add(layers.Dense(64,activation='relu',input_shape=(train_data.shape[1],)))
    model.add(layers.Dense(1))
    model.compile(optimizer='rmsprop',loss='mse',metrics=['mae'])
    return model
```

④ 利用 K 折验证方法来进行验证。

```
k=4
num_val_samples=len(train_data)//k
num_epochs=100
all_score=[]

for i in range(k):
    print('processing fold #',i)
    val_data=train_data[i*num_val_samples:(i+1)*num_val_samples]
    val_targets=train_targets[i*num_val_samples:(i+1)*num_val_samples]

    partial_train_data=np.concatenate(
        [train_data[:i*num_val_samples],train_data[(i+1)*num_val_samples:]],axis=0)
    partial_train_targets=np.concatenate(
        [train_targets[:i*num_val_samples],train_targets[(i+1)*num_val_samples:]],axis=0)

    model=build_model()
    model.fit(partial_train_data,partial_train_targets,
              epochs=num_epochs,batch_size=1,verbose=0)
    val_mse,val_mae=model.evaluate(val_data,val_targets,verbose=0)
    all_score.append(val_mae)
all_score
```

⑤ 保存每折的验证结果。

```
num_epochs=500
all_mae_histories=[]
for i in range(k):
    print('processing fold #',i)
    val_data=train_data[i*num_val_samples:(i+1)*num_val_samples]
    val_targets=train_targets[i*num_val_samples:(i+1)*num_val_samples]

    partial_train_data=np.concatenate(
    [train_data[:i*num_val_samples],
    train_data[(i+1)*num_val_samples:]],
    axis=0)
    partial_train_targets=np.concatenate(
    [train_targets[:i*num_val_samples],
    train_targets[(i+1)*num_val_samples:]],
    axis=0)
    model=build_model()
    history=model.fit(partial_train_data,partial_train_targets,
                      validation_data=(val_data,val_targets),
                      epochs=num_epochs,batch_size=1,verbose=0)
    mae_history=history.history['val_mean_absolute_error']
    all_mae_histories.append(mae_history)
```

⑥ 计算所有轮次中 K 折验证分数的平均值。

```
average_mae_history=[
    np.mean([x[i] for x in all_mae_histories]) for i in range(num_epochs)
]
```

```
import matplotlib.pyplot as plt

plt.plot(range(1,len(average_mae_histories+1),average_mae_history)
plt.xlabel('Epochs')
plt.ylabel('Validation MAE')
plt.show()
```

⑦ 绘制验证分数图。

```
def smooth_curve(points,factor=0.9):
    smoothed_points=[]
    for point in points:
        if smoothed_points:
            previous=smoothed_points[-1]
            smoothed_points.append(previous*factor+point*(1-factor))
        else:
            smoothed_points.append(point)
    return smoothed_points

smooth_mae_history =smooth_curve(average_mae_history[10:])

plt.plot(range(1,len(smooth_mae_history)+1),smooth_mae_history)
plt.xlabel('Epochs')
plt.ylabel('Validation MAE')
plt.show()
```

⑧ 训练最终模型。

```
#训练最终模型
model=build_model()
model.fit(train_data, train_targets,
        epochs=80, batch_size=16, verbose=0)
test_mse_score, test_mae_score=model.evaluate(test_data, test_targets)
```

第5章

深度学习基础及应用

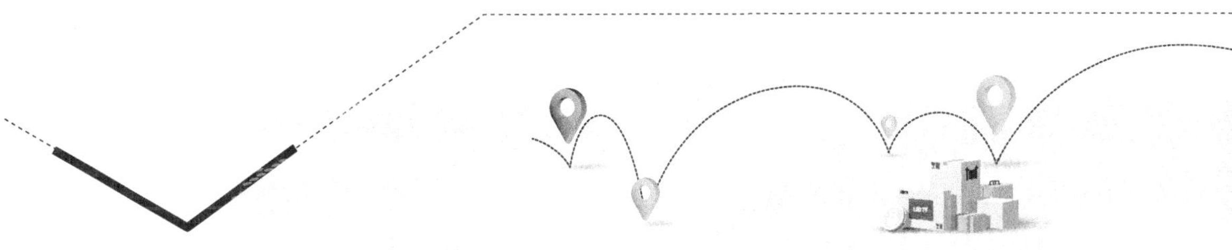

5.1 深度学习中的微积分基础
5.2 深度学习的线性代数基础
5.3 基于Python的神经网络案例算法详解
5.4 深度学习框架
5.5 深度学习的硬件基础
5.6 卷积神经网络算法详解
5.7 循环神经网络和长短期记忆网络
5.8 基于LSTM的驾驶意图识别

5.1 深度学习中的微积分基础

深度学习的根本原理是对要处理的问题进行量化，在此基础上设计一个数学模型，在模型中包含一个目标函数。所谓学习就是将大量的数据输入数学模型中，对目标函数进行最优化。以下是建立数学模型需要的微积分知识。

(1) 实数中的无理数

自然数表示为 $N=\{1,2,3,4,\cdots\}$。

整数表示为 $Z=\{\cdots,-2,-1,0,1,2,3,4,\cdots\}$。

有理数由上面这两种数来定义，有理数包含所有分数，其中分子来自整数，分母来自自然数，定义为 $Q=\{p/q,p\subset Z,q\subset N\}$。

不能用有理数表示的数，称为无理数。有理数与无理数结合在一起称为实数系，用字母 R 表示。

实数满足以下性质。

① 三分法：对任意两个数 a、b，必定满足 3 种情况之一，即 $a<b$，$a=b$，$a>b$。

② 传递性：对 3 个实数 a、b、c，如果有 $a<b$，$b<c$，那么有 $a<c$。

③ 阿基米德性：对于实数 a，一定存在另一个实数 n，使得 $n>a$。

④ 稠密性：对于两个实数 a、b，如果有 $a<b$，那么存在另一个实数 x，使得 $a<x<b$。

(2) 极限

序列就是无穷多个实数排成一行：a_1，a_2，…，a_n，…，其中 a_n 称为序列中的第 n 项，对于满足这样定义的序列，用符号 $\{a_n\}$ 表示。

对于序列 $\{a_n\}$，给定任意一个实数 $\varepsilon>0$，存在一个整数 N，当 $n>N$ 时，有 $|a_n-b|<\varepsilon$，那么 b 就是序列 $\{a_n\}$ 的极限。

(3) 函数的连续性

对任意趋于实数 c 的序列 $\{x_n\}$，当 $x_n\to c$ 时，有 $y_n=f(x_n)\to 1$，那么就说当变量 x 趋向于 c 时，函数 $f(x)$ 的极限是 1。

如果把极限的定义再往前推一步，若函数 $f(x)$ 在实数 c 上有定义，当变量 x 趋向于 c 时，函数 $f(x)$ 有极限，并且该极限就是 $f(c)$，那么就说函数 $f(x)$ 在 c 处连续。

(4) 函数求导

导数的概念来源于集合中的切线，切线就是与曲线相交，且仅相交于一点的直线。直线与曲线相交但仅相交于一个点，无论该直线如何延伸，它与曲线除了该点之外不再相交，于是它就称为曲线的切线。

当 $x \to c$ 时，如果函数 $g(x)=\dfrac{f(x)-f(c)}{x-c}$ 的极限存在，那么该极限称为函数 $f(x)$ 在点 c 处的导数。

一个函数在点 c 处存在导数，那么它必须在点 c 处连续，否则 $g(x)$ 的分母趋向于 0，但分子不趋向于 0，那么 x 趋向于 c 时，函数 $g(x)$ 的极限不存在，这样 $f(x)$ 在点 c 处的极限就不存在。

如果函数 $f(x)$ 在点 c 处的导数 $f'(c)$ 存在的话，那么对于任意一个给定的正实数 ε，都可以找到一个对应的实数 δ，对所有满足不等式 $0<|x-c|<\delta$ 的变量 x，都有 $\left|\dfrac{f(x)-f(c)}{x-c}\right|<\varepsilon$。一般采用莱布尼茨标记法来表示导数，把 $f'(c)$ 记作 $\dfrac{\mathrm{d}y}{\mathrm{d}c}$。

(5) 导数的一般法则

根据导函数定义，计算函数 $\sin x$ 在给定点 c 处的导数。导数其实就是对函数 $\dfrac{f(x)-f(c)}{x-c}$ 求 x 趋向于 c 时的极限，这个式子可以变换为 $\dfrac{f(c+h)-f(c)}{h}$，用变换后的式子求解 $\sin x$ 的导数。

$$(\sin c)'=\frac{\sin(c+h)-\sin c}{h} \tag{5-1}$$

等式右边的分子可以用三角公式进行分解。

$$\sin(c+h)-\sin c=\sin c\cos h+\cos c\sin h-\sin c \tag{5-2}$$

由两式得

$$\frac{\sin(c+h)-\sin c}{h}=\frac{\sin c\cos h+\cos c\sin h-\sin c}{h} \tag{5-3}$$

将式(5-3) 右边的式子分开则有

$$\frac{\sin c\cos h+\cos c\sin h-\sin c}{h}=\frac{\cos c\sin h}{h}-\frac{\sin c(1-\cos h)}{h} \tag{5-4}$$

由于 $\lim\limits_{h\to 0}\dfrac{\sin h}{h}=1$，因此，$\lim\limits_{h\to 0}\dfrac{\cos c\sin h}{h}=\cos c$，根据二倍角公式 $\cos 2h=$

$1-2\sin^2 h$，可以得出 $1-\cos h=2\sin^2\frac{h}{2}$，因此有

$$\frac{1-\cos h}{h}=\frac{2\sin^2\frac{h}{2}}{h}=\sin\frac{h}{2}\times\frac{\sin\frac{h}{2}}{\frac{h}{2}} \tag{5-5}$$

将式(5-5) 代入式(5-4) 得

$$\lim_{h\to 0}\frac{\sin c(1-\cos h)}{h}=\sin c\lim_{h\to 0}\left(\sin\frac{h}{2}\times\frac{\sin\frac{h}{2}}{\frac{h}{2}}\right)=\sin c\lim_{h\to 0}\sin\frac{h}{2}\times 1=0 \tag{5-6}$$

由式(5-1) 和式(5-6) 得

$$(\sin x)'=\cos x \tag{5-7}$$

同理可得

$$(\cos x)'=-\sin x \tag{5-8}$$

$$(e^x)'=e^x \tag{5-9}$$

$$(\ln x)'=\frac{1}{x} \tag{5-10}$$

（6）复合函数的链式求导法则

函数的复合求导问题在深度学习中非常重要，关系到网络如何实现自我学习和改进。

① 导数的概念：设函数 $y=f(x)$ 在点 x_0 的某个邻域内有定义，当自变量 x 在 x_0 处取得增量 Δx（点 $x_0+\Delta x$ 仍在该邻域内）时，相应地，函数取得增量 $\Delta y=f(x_0+\Delta x)-f(x_0)$；当 $\Delta x\to 0$ 时，如果 Δy 与 Δx 之比的极限存在，则称函数 $y=f(x)$ 在点 x_0 处可导，并称这个极限为函数 $y=f(x)$ 在点 x_0 处的导数。

② 链式求导法则：如果 $u=g(x)$ 在点 x 可导，而 $y=f(u)$ 在点 $u=g(x)$ 可导，则复合函数 $y=f[g(x)]$ 在点 x 可导，且其导数为

$$\frac{dy}{dx}=f'(u)g'(x) \tag{5-11}$$

证明如下。

由于 $y=f(u)$ 在点 u 可导，因此 $\lim\limits_{\Delta x\to 0}\frac{\Delta y}{\Delta x}=f'(u)$ 存在，根据极限与无穷小的关系得到

$$\frac{\Delta y}{\Delta u}=f'(u)+a \tag{5-12}$$

式中，a 是 $\Delta u \to 0$ 时的无穷小；$\Delta u \neq 0$，用 Δu 乘以上式两边可以得到

$$\Delta y = f'(u)\Delta u + a\Delta u \tag{5-13}$$

当 $\Delta u = 0$ 时，规定 $a = 0$，这时因 $\Delta y = f(u+\Delta u) - f(u) = 0$，上式右端等于 0，因此 $\Delta u = 0$ 也成立。式(5-13) 等号两边都除以 Δx，得到

$$\frac{\Delta y}{\Delta x} = f'(u)\frac{\Delta u}{\Delta x} + a\,\frac{\Delta u}{\Delta x} \tag{5-14}$$

于是得到

$$\lim_{\Delta x \to 0}\frac{\Delta y}{\Delta x} = \lim_{\Delta x \to 0}\left(f'(u)\frac{\Delta u}{\Delta x} + a\,\frac{\Delta u}{\Delta x}\right) \tag{5-15}$$

由函数在某点可导一定在该点连续的性质可以知道，当 $\Delta x \to 0$ 时，$\Delta u \to 0$，可以推出

$$\lim_{\Delta x \to 0} a = \lim_{\Delta u \to 0} a = 0 \tag{5-16}$$

因 $u = g(x)$ 在点 x 可导，可以得出

$$\lim_{\Delta x \to 0}\frac{\Delta u}{\Delta x} = g'(x) \tag{5-17}$$

可以得到

$$\lim_{\Delta x \to 0}\frac{\Delta y}{\Delta x} = f'(u)\lim_{\Delta x \to 0}\frac{\Delta u}{\Delta x} \tag{5-18}$$

从而推出

$$\frac{\mathrm{d}y}{\mathrm{d}x} = f'(u)g'(x) \tag{5-19}$$

复合函数求导时，先对外层求导，然后再乘以里面函数的导数。神经网络的学习过程本质上就是链式求导法则的过程。

（7）多变量函数与偏导数

在对多个变量求导时，先对多个变量中的某一个变量求导数，在求导时，其他变量当作常量处理。

一切常量的导数为 0，于是求偏导数时，除了求导的变量外，其他变量会当作 0 处理。神经网络的本质是根据要处理的问题，构造一个数学模型，这个数学模型是由很多变量构成的多变量函数，然后把大量数据输入模型中，针对每个变量计算偏导数，根据计算结果不断更新模型中的参数，最终使模型计算的结果与现实的结果越来越贴近。

（8）导数与极值

局部极值定理：如果函数 f 在区间 $[a,b]$ 上有定义，若 f 在区间内有极值点 c，并且 f 在点 c 处的导数存在，那么 $f'(c)=0$。

5.2 深度学习的线性代数基础

（1）常量

在神经网络中，使用张量表示相关的数据结构。维度为 0 的张量就是常量。下面的例子是一个零维张量。

In [2]:
```
import numpy as np
x=np.array(12)
print(x)
print(x.ndim)
```
```
12
0
```

多个常量一起形成一维张量。

In [3]:
```
x1=np.array([11,12,13])
print(x1)
print(x1.ndim)
```
```
[11 12 13]
1
```

（2）矩阵及相关操作

一个数组含有多个元素，如果每个元素都是一维张量，那么该数组就是二维张量。下面的例子是一个二维张量。

In [4]:
```
x2=np.array([[11,12,13],[14,15,16]])
print(x2)
print(x2.ndim)
```
```
[[11 12 13]
 [14 15 16]]
2
```

还可以用 Python 中最简单的代码来完成。

In [10]:
```
z=np.dot(x,y)
print(z)
```
```
[[0.7]
 [1  ]]
```

（3）多维张量

n 维张量可以看成是数组，数组中每个元素都是 $n-1$ 维张量。三维张量是元素为二维张量的数组，四维张量是元素为三维张量的数组。

In [32]:
```
x=np.array([[[1,2],[3,4]],[[5,6],[7,8]],[[9,8],[11,12]]])
print(x.ndim)
```
```
3
```

用于训练网络的图片数据是一个三维张量。

In [1]:
```
from keras.datasets import mnist
(train_images,train_labels),(test_images,test_labels)=mnist.load_data()
print(train_images.shape)
```

```
(60000, 28, 28)
```

train_images 是一个三维张量，含有 60000 个元素，每个元素对应一张图片，图片是 28×28 的二维张量的数组。

可以对多维张量进行截取，如截取数组中第 20 个元素到第 200 个元素。

In [3]:
```
s=train_images[20:200]
print(s.shape)
```

```
(180, 28, 28)
```

结果为（180，28，28）。

张量在神经网络中应用广泛，因为它能简单地描述客观世界的信息，在计算处理上比较方便。

5.3 基于 Python 的神经网络案例算法详解

5.3.1 神经网络中的神经元激活函数及图像

人工智能所追求的根本目标是在数据集中找到它们的边界，根据这条边界，对新数据点进行分类或者预测。判断新数据点与边界线的相互位置，就可知道新数据点的所属位置，从而对数据点进行预测。

神经网络借用了生物学对脑神经的研究成果。神经元与 CPU 类似，接收数据、处理数据、输入另一种数据。神经元接收的是电信号，处理后输出另一种电信号。如果输入给神经元的电信号强度不够，神经元则不会产生反应；如果输入给神经元的电信号大于某个界限，它就会做出反应，把它产生的电信号传递给其他神经元。为了模拟神经元根据电信号的强弱做出反应的行为，在深度学习算法中，运用多种数学函数进行了模拟，最常用的函数是步调函数和 sigmoid 函数。步调函数的实现如下。

In [2]:
```
import matplotlib.pyplot as plt
x=[1,2,3,4]
y=[0,1,2,3]
plt.step(x,y)
plt.show()
```

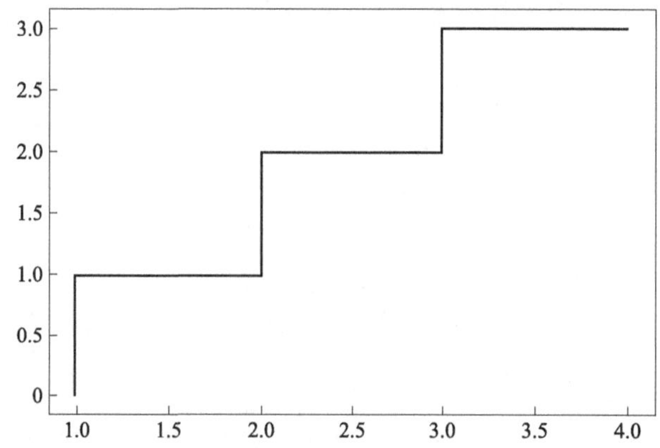

输入的 x 小于 1 时，它的输出是 0；但 x 大于 1 时，输出为 1；当输入的 x 处于 1 和 2 之间时，函数输出保持为 1；当 x 增大到 2 时，输出为 2。

sigmoid 函数的实现如下。

```
In [8]: from matplotlib import pylab
        import pylab as plt
        import numpy as np
        def sigmoid(x):
            return (1/(1+np.exp(-x)))
        mySamples=[]
        mySigmoid=[]
        x=plt.linspace(-10,10,10)
        y=plt.linspace(-10,10,100)
        plt.plot(x,sigmoid(x),'r',label='linspace(-10,10,10)')
        plt.plot(y,sigmoid(y),'r',label='linspace(-10,10,1000)')
        plt.grid()
        plt.title('Sigmoid function')
        plt.suptitle('Sigmoid')
        plt.legend(loc='lower right')
        plt.text(4,0.8,r'$\sigma(x)=\frac{1}{1+e^(-x)}$',fontsize=15)
        plt.gca().xaxis.set_major_locator(plt.MultipleLocator(1))
        plt.gca().yaxis.set_major_locator(plt.MultipleLocator(0.1))
        plt.xlabel('X Axis')
        plt.ylabel('Y Axis')
        plt.show()
```

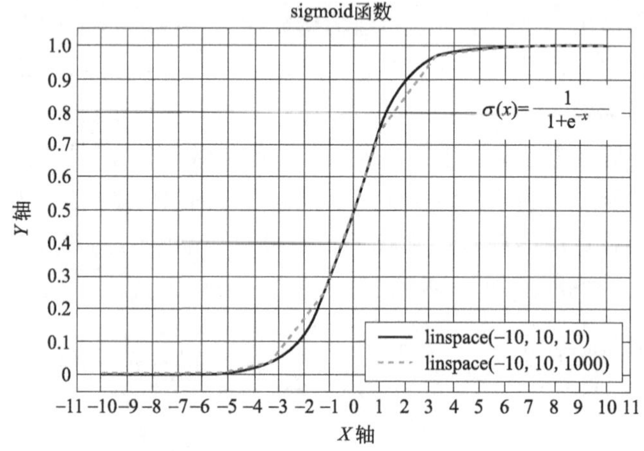

5.3.2 矩阵运算的神经网络数据算法

矩阵在两方面可以将神经网络的运算进行简化：一方面能将数量繁多的运算步骤压缩在一个简单的数学表达式中，使用统一的矩阵数据运算就能像流水线一样，自动执行多种计算任务，适合用计算机来运算；另一方面，可以运用 Python 对矩阵进行运算，快速便捷地完成烦琐的网络数据处理。

在神经网络中，运用最多的是矩阵的乘法，两个矩阵在相乘的时候，必须满足左边矩阵的列数等于右边矩阵的行数，相乘时把左边矩阵第 i 行所有元素与右边矩阵第 j 列所有元素做乘法，依次相加，所得结果就是新矩阵第 i 行第 j 列的元素。

第二层两个节点所接收的信号，用矩阵运算公式表示为

$$\begin{bmatrix} w_{11} & w_{21} \\ w_{12} & w_{22} \end{bmatrix} \begin{bmatrix} \text{input\_1} \\ \text{input\_2} \end{bmatrix} = \begin{bmatrix} \text{input\_1}w_{11}+\text{input\_2}w_{21} \\ \text{input\_1}w_{12}+\text{input\_2}w_{22} \end{bmatrix} \tag{5-20}$$

式中，w_{11}、w_{12} 为输入层第一个节点的权重；w_{21}、w_{22} 为输入层第二个节点的权重。

神经元网络的输入数据、权重、输出数据的关系如图 5-1 所示。

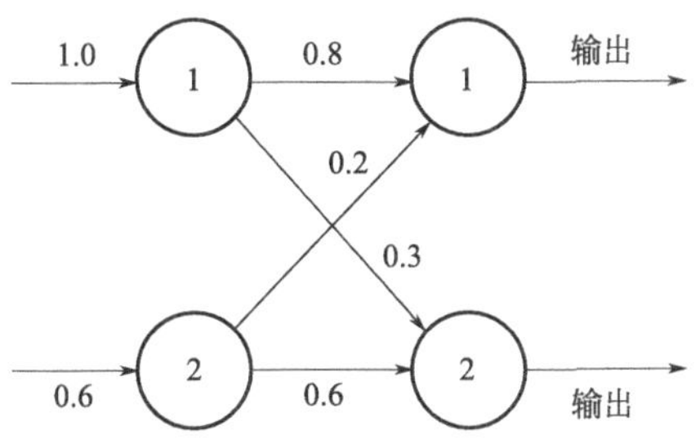

图 5-1　神经元网络的输入数据、权重、输出数据的关系

运用 Python 对多维矩阵（权重矩阵）与一维向量（输入向量）相乘。

```
In [8]: import numpy as np
        W=np.array([[0.8,0.2],[0.3,0.6]])
        I=np.array([1.0,0.6])
        X=W.dot(I)
        print(X)

        [0.92 0.66]
```

第二层神经元接到信号向量时，调用激活函数运算得到输出。

$$\boldsymbol{X}_{\text{hidden}}=\text{sigmoid}\begin{bmatrix}0.92\\0.66\end{bmatrix}=\begin{bmatrix}\dfrac{1}{1+\mathrm{e}^{-0.92}}\\\dfrac{1}{1+\mathrm{e}^{-0.66}}\end{bmatrix}=\begin{bmatrix}0.715\\0.659\end{bmatrix}\tag{5-21}$$

得到神经元的输出信号向量后，信号会根据隐藏层和输出层之间的链路传递给输出层，隐藏层与输出层之间的权重矩阵为

$$\boldsymbol{W}_{\text{hidden\_output}}=\begin{bmatrix}0.3&0.7\\0.6&0.5\end{bmatrix}\tag{5-22}$$

输出层获取的输入信号向量为

$$\boldsymbol{X}_{\text{output}}=\begin{bmatrix}0.3&0.7\\0.6&0.5\end{bmatrix}\begin{bmatrix}0.715\\0.659\end{bmatrix}=\begin{bmatrix}0.676\\0.759\end{bmatrix}\tag{5-23}$$

输出层接收到信号向量后，每个神经元对接收到的信号向量调用激活函数，得到最后输出，如下所示。

$$\boldsymbol{O}_{\text{output}}=\text{sigmoid}\begin{bmatrix}0.676\\0.759\end{bmatrix}=\begin{bmatrix}\dfrac{1}{1+\mathrm{e}^{-0.676}}\\\dfrac{1}{1+\mathrm{e}^{-0.759}}\end{bmatrix}=\begin{bmatrix}0.663\\0.681\end{bmatrix}\tag{5-24}$$

5.3.3 反向传播算法

以上是对神经网络正向算法的详解，那么这些权重如何调节？怎么得到更准确、更合适的权重？需通过反向传播算法调节权重。神经网络在正向算法的详解中，权重可以等于任何值，一般随机地把权重初始化为 0～1。得到输出后，会与准确值去比较，把两者的误差作为输入开始反向传播，来确定每一层的权重。

通过一个简单的网络模型来解释反向传播算法，如图 5-2 所示。

通过正向传播得出的输出值是 0.65，而准确值是 0.88，因此误差为 0.23，需要将 0.23 的误差分担给每一个权重。

神经网络可以看作是一个函数，多变量函数 $F(w_{11},w_{12},\cdots)=f(w_{11},w_{12},\cdots)-y=y'-y$，神经网络的输出值就是 y'，它的值取决于函数的变量。要想使两者差值变小，就需调整变量，因为输出值是由变量权重等链路参数决定的。

每改动一个权重对输出结果都是有影响的，因此每个链路的权重对最终的误差都有责任。这个责任的分配根据股份制做法，哪个链路投资的比重高，就分得多一些。于是，参数 w_{11} 所占权重为$\dfrac{w_{11}}{w_{11}+w_{12}}$，因此分配给参数 w_{11} 的误差为

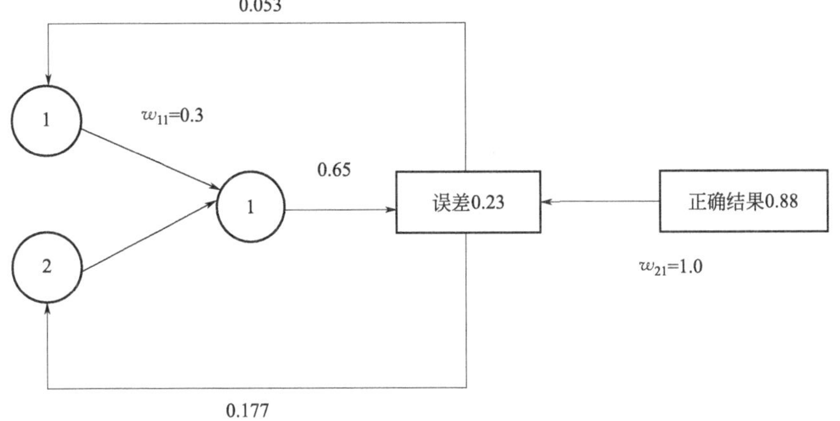

图 5-2　反向传播算法的一个简单网络模型

$$\text{error}\frac{w_{11}}{w_{11}+w_{21}}=0.23\times\frac{0.3}{0.3+1}=0.053 \tag{5-25}$$

分配给参数 w_{21} 的误差为

$$\text{error}\frac{w_{21}}{w_{11}+w_{21}}=0.23\times\frac{1.0}{0.3+1}=0.177 \tag{5-26}$$

同理，其他权重也是如此计算。

5.3.4 矩阵和梯度下降法的神经网络的迭代

前面使用笔算的方式实现了误差反向回传，但是网络复杂，需要计算机使用矩阵来结构化误差的反向回传（图 5-3）。

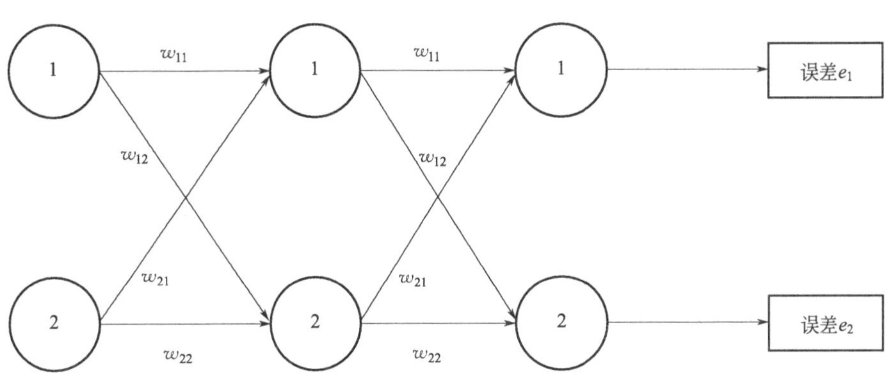

图 5-3　误差的反向回传

此网络最外层有两个输出节点，因此产生两个误差，可以用一维向量表示这两个误差。

$$\text{error}_{\text{output}}=\begin{bmatrix}e_1\\e_2\end{bmatrix} \tag{5-27}$$

根据误差回传算法，中间层节点 1 承担两部分误差：一部分是节点 1 回传的误差；另一部分是节点 2 回传的误差。

中间层节点 1 从最外层节点 1 传过来的误差为

$$\text{error}_{11}=e_1\frac{w_{11}}{w_{11}+w_{22}} \tag{5-28}$$

从最外层节点 2 传过来的误差为

$$\text{error}_{12}=e_2\frac{w_{12}}{w_{12}+w_{22}} \tag{5-29}$$

中间层节点 1 的总误差为

$$\text{error}_1=e_1\frac{w_{11}}{w_{11}+w_{21}}+e_2\frac{w_{12}}{w_{12}+w_{22}} \tag{5-30}$$

同理，中间层节点 2 的总误差为

$$\text{error}_2=e_1\frac{w_{21}}{w_{11}+w_{21}}+e_2\frac{w_{22}}{w_{22}+w_{12}} \tag{5-31}$$

中间层两个节点的误差可以用矩阵的乘法和向量的乘法来表示。

$$\text{error}_{\text{hidden}}=\begin{bmatrix}\dfrac{w_{11}}{w_{11}+w_{21}} & \dfrac{w_{12}}{w_{12}+w_{22}}\\ \dfrac{w_{21}}{w_{11}+w_{21}} & \dfrac{w_{22}}{w_{12}+w_{22}}\end{bmatrix}\begin{bmatrix}e_1\\e_2\end{bmatrix}=\begin{bmatrix}e_1\dfrac{w_{11}}{w_{11}+w_{21}}+e_2\dfrac{w_{12}}{w_{12}+w_{22}}\\ e_1\dfrac{w_{21}}{w_{11}+w_{21}}+e_2\dfrac{w_{22}}{w_{12}+w_{22}}\end{bmatrix} \tag{5-32}$$

因为神经网络最终输出的结果与正确值相差在一定精度内即可，所以可以去掉式(5-32) 中的分母，对公式进行简化，相当于对计算结果进行一次线性变换。

$$\text{error}_{\text{hidden}}=\begin{bmatrix}w_{11} & w_{12}\\ w_{21} & w_{22}\end{bmatrix}\begin{bmatrix}e_1\\e_2\end{bmatrix}=\begin{bmatrix}w_{11}e_1+w_{12}e_2\\ w_{21}e_1+w_{22}e_2\end{bmatrix} \tag{5-33}$$

上一层节点将信号向量传给下一层节点的矩阵运算公式如下。

$$\begin{bmatrix}w_{11} & w_{21}\\ w_{12} & w_{22}\end{bmatrix}\begin{bmatrix}\text{input\_1}\\ \text{input\_2}\end{bmatrix}=\begin{bmatrix}w_{11}\text{input\_1}+w_{21}\text{input\_2}\\ w_{12}\text{input\_1}+w_{22}\text{input\_2}\end{bmatrix} \tag{5-34}$$

从两个公式的矩阵形式可以看出，误差的矩阵形式正好是信号传递时矩阵的转置，因此可以再把误差的矩阵表示成信号传递矩阵的转置，以便于计算机处理。

5.4 深度学习框架

机器学习是将输入映射到目标的过程，通过观察大量的输入和目标的示例得以实现。深度神经网络通过一系列简单的数据变换层来实现输入到目标的映射，数据的变换是通过观察示例学习到的。

神经网络中每层的变换都是由其权重来参数化的。学习的意思是为神经网络的每一层找到权重值，使得输入与其目标正确地一一对应。而损失函数就是来衡量输出与预期值之间的距离，衡量网络在这个示例上的效果好坏。

5.4.1 TensorFlow 框架

深度学习在很多框架下都可以应用，比如 Caffe、Torch 、Theano、PyTorch 、TensorFlow 等。本书采用在 TensorFlow 框架下运行的方式。

TensorFlow 是由两个单词构成的，Tensor 指的是张量，Flow 的意思是流动。TensorFlow 指的是张量从数据流图的一端流到另一端的计算过程，还可以看成是复杂的数据结构传输到人工智能神经网络中进行分析和处理的系统。

张量理论是数学的一个分支结构，在力学中有着重要的应用。张量起源于力学，它表示弹性介质中各点的应力状态，张量理论后来发展成为力学和物理学的一个有力的数学工具。张量可以满足一切物理定律必须与坐标系的选择无关的特性。张量是矢量概念的推广，张量是一个用于表示一些矢量、标量和其他张量之间的线性关系的多线性函数。

TensorFlow 用张量这种数据结构表示所有的数据，一阶张量表示向量，二阶张量表示矩阵。TensorFlow 中的张量可以表示任意维度的数据，如一维、二维、三维、四维、五维等数据。在 TensorFlow 中，数据流图使用“节点”和“边”的有向图描述数学计算，“节点”表示施加的数学计算，也可以表示数据输入的起点和输出的终点，或者是读取/写入持久变量的终点。“边”表示节点之间的输入/输出关系。张量从图中流过时，就产生了 Flow，输入端的张量准备好，节点将被分配到各种计算设备异步并行完成运算，所以数据就开始流动起来，于是便有了 TensorFlow 的叫法。TensorFlow 框架实际上是一种误差回传和修正的计算框架，这个框架中的数据需要不停地进行修正，直到模型拟合到最优解。

在 TensorFlow 中，有很多集成的经典机器学习算法，称为算子，每个算子都有规则、方法、数据类型以及相应的输出结果。TensorFlow 处理数据的流程一般为：建立会话，生成一张空图，添加各个节点和边，形成一个有连接点的图，然后启动图，进行系统的执行。

TensorFlow 中矩阵的生成和计算是比较重要及复杂的。

运用 TensorFlow 框架时，首先是 TensorFlow 包的引入。

```
In  [1]: import tensorflow as tf
```

将 TensorFlow 引入程序中，后续的程序可以使用现成的 TensorFlow 包，并在使用中将 TensorFlow 简称为 tf。有时候由于环境不同，需要导入 tf. compat. v1. disable_eager_execution () 函数才能正常运行 TensorFlow。

TensorFlow 中使用常量创建函数 tf. constant 来创建一个矩阵。

```
In  [11]: tf.constant([1,2,3],shape=[2,3])
Out[11]: <tf.Tensor 'Const:0' shape=(2, 3) dtype=int32>
```

输出结果是一个 2 行 3 列的矩阵，第 1 行是输入的数据，第 2 行自动由输入的数值补充完整。

创建一个常量并输出。

```
In  [6]: import tensorflow as tf
         tf.compat.v1.disable_eager_execution()
         x=tf.constant(12,dtype='float32')
         sess=tf.compat.v1.Session()
         print(sess.run(x))

         12.0
```

创建变量并使其初始化，并用方程 $y=x+11$ 定义。

```
In  [16]: import tensorflow as tf
          tf.compat.v1.disable_eager_execution()
          x=tf.constant(12,dtype='float32')
          y=tf.Variable(x+11)
          model=tf.compat.v1.global_variables_initializer()
          with tf.compat.v1.Session() as sess:
              sess.run(model)
              print(sess.run(y))

          23.0
```

实现 $y=x^2+100$。

```
In [7]: tf.compat.v1.disable_eager_execution()
        import tensorflow as tf
        x=tf.constant([14,23,40,30])
        y=tf.Variable(x*x+100)
        model=tf.compat.v1.global_variables_initializer()
        with tf.compat.v1.Session() as sess:
            sess.run(model)
            print(sess.run(y))

        [ 296  629 1700 1000]
```

TensorFlow 中，存在一种特殊的数据类型——占位符（placeholder）。tf.placeholder 是占位符函数。导入 tf.disable_v2_behavior（）和 tensorflow.compat.v1，其中的参数是传入的数据类型。实现 $y=x\times10+500$。

```
In [28]: #tf.compat.v1.disable_eager_execution()
         #import tensorflow as tf
         #tf.disable_v2_behavior()
         import tensorflow.compat.v1 as tf
         tf.disable_v2_behavior()
         x=tf.placeholder('float',None)
         y=x*10+500
         with tf.compat.v1.Session() as sess:
             placeX=sess.run(y,feed_dict={x:[0,5,15,25]})
             print(placeX)

         WARNING:tensorflow:From C:\Users\lingz\Anaconda3\lib\site-packages\tensorflow\python\compat\v2_compat.py:96: disable_resource_
         variables (from tensorflow.python.ops.variable_scope) is deprecated and will be removed in a future version.
         Instructions for updating:
         non-resource variables are not supported in the long term
         [500  550  650  750 ]
```

实现 $y=x\times10+1$。

```
In [30]: import tensorflow.compat.v1 as tf
         tf.disable_v2_behavior()
         x=tf.placeholder('float',[None,4])
         y=x*10+1
         with tf.compat.v1.Session() as sess:
             dateX=[[12,2,0,-2],[14,4,1,0]]
             placeX=sess.run(y,feed_dict={x:dateX})
             print(placeX)

         [[121   21    1  -19 ]
          [141   41   11    1 ]]
```

固定张量如下。

```
In [5]: import tensorflow.compat.v1 as tf
        tf.compat.v1.disable_eager_execution()
        sess=tf.compat.v1.Session()
        A=tf.compat.v1.zeros([2,3])
        print(sess.run(A))

        [[0  0  0 ]
         [0  0  0 ]]
```

随机生成矩阵张量，需要使用以下函数。

① random_normal：正态分布随机数，均值 mean，标准差 stddev。

② truncated_normal：截断正态分布随机数，均值 mean，标准差 stddev。

③ random_uniform：均匀分布随机数，范围为［minval，maxval］。

随机张量如下。

```
In [18]: R1=tf.random_uniform([2,3],minval=0,maxval=4)
         print(sess.run(R1))

[[2.854998   0.21457338 1.5731177 ]
 [1.9305797  0.83312273 1.8541331 ]]
```

```
In [20]: R3=tf.random_shuffle(tf.diag([3,-2,4]))
         print(sess.run(R3))

[[ 0 -2  0]
 [ 0  0  4]
 [ 3  0  0]]
```

5.4.2 TensorFlow 的计算函数

TensorFlow 提供了大量普通计算函数，几种常用的函数如下。

① tf. add（x，y，name=None），求和。

② tf. sub（x，y，name=None），减法。

③ tf. mul（x，y，name=None），乘法。

④ tf. div（x，y，name=None），除法。

⑤ tf. mod（x，y，name=None），取模。

⑥ tf. abs（x，name=None），求绝对值。

⑦ tf. neg（x，name=None），取负（$y=-x$）。

求和如下。

```
In [5]: import tensorflow as tf
        import tensorflow.compat.v1 as tf
        tf.disable_v2_behavior()
        input1=tf.placeholder(tf.int32)
        input2=tf.placeholder(tf.int32)
        output=tf.add(input1,input2)

        sess=tf.Session()
        print(sess.run(output,feed_dict={input1:[1],input2:[2]}))

[3]
```

使用占位符输出，input1 和 input2 是 2 个 int 类型的占位符，此时数据并不能直接发生改变，使用 feeding_dict 函数对占位符进行数据传递，在会话进行的过程中不停地填入数据集进行数据处理。Feeding 是 TensorFlow 的一种机制，在运行时可以使用不同的值替换一个或多个 tensor 值。

5.4.3 TensorFlow 常用矩阵函数

① tf. diag（diagonal，name=None），返回一个给定对角值的对角 tensor。

② tf. trace（x，name=None），求一个二维 tensor 足迹，也就是对角值 diagonal 之和。

③ tf.matmul (a, b, transpose_a=False, transpose_b=False, a_is_sparse=False, b_is_sparse=False, name=None)，矩阵相乘。

④ tf.cholesky (input, name=None)，对输入方阵 cholesky 进行分解，就是把一个对称正定矩阵表示成一个下三角矩阵 $\boldsymbol{L}$ 和其转置的乘积的分解 $\boldsymbol{A}=\boldsymbol{L}\boldsymbol{L}^{\mathrm{T}}$。

5.4.4 Keras 框架

Keras 是用 Python 编写的高级神经网络 API，它能够以 TensorFlow、CNTK 或者 Theano 作为后端运行。Keras 易于学习和使用。Keras 与底层深度学习语言（TensorFlow）集成在一起，可以实现任何用基础语言编写的算法。tf.keras 作为 Keras API 可以与 TensorFlow 工作流无缝集成。Keras 在行业和研究领域的应用率很高。

损失函数（或称目标函数、优化评分函数）是编译模型需要的两个参数之一。

```
model.compile(loss='mean_squared_error', optimizer=' sgd' )
```

y_true 表示真实标签，y_pred 表示预测值。

损失函数主要有以下类型。

- mean_squared_error (y_true, y_pred)
- mean_absolute_error (y_true, y_pred)
- mean_absolute_percentage_error (y_true, y_pred)
- mean_squared_logarithmic_error (y_true, y_pred)

5.5 深度学习的硬件基础

5.5.1 硬件基础

计算机硬件设备性能的提高推动着深度学习的发展，深度学习的发展也解决了很多难题，推动着专用芯片的发展。

机器学习算法的关键指标是精确性、可编程性、能耗、吞吐量、成本。机器学习算法的精确性需要大量的数据做支持，数据的预处理影响着算法的准确性。芯片的可编程性很重要，环境变化之后，权重也要变化。可编程性的需求会增加数据计算和数据传输。维度越高，生成的数据量越多，可编程性需要读取并且保存权重，因此对能耗问题提出了挑战。英伟达的 GPU 能耗非常高，FPGA 和 ASIC 可以降低能耗，但是成本高。为了达到以上性能的要求，可以有不同的方案，比如使用 CPU、GPU、FPGA、ASIC 等，目前大多数使用 GPU 作为深度学习的硬件加速器。

5.5.2 GPU 简介

图形处理器（Graphic Processing Unit，GPU）是一种并行化处理的模块单元，也被称作显卡，具有强大的并行计算能力，主要应用于处理图形图像。GPU 的硬件结构主要包括主机接口、复制引擎、流处理器簇、图形处理簇、内存等。

主机接口的主要功能是读取程序指令并分配到对应的硬件单元，比如某块程序如果在进行内存复制，主机接口则将任务分配到复制引擎上。复制引擎完成 GPU 和 CPU 之间的复制传递。

流处理器簇主要由三部分组成：处理核，特殊函数单元，内存的读写模块。处理核或者叫流处理器，占据流处理器簇的主要部分，是 GPU 的运算单元，进行整型、浮点型计算。特殊函数单元，用于计算 log/exp/sin/cos 等。

内存的读写模块是指 Load/Store，用于读写线程执行所需的全局内存、局部内存等。

5.6 卷积神经网络算法详解

卷积神经网络是一种前馈型神经网络，在图像处理方面有比较出色的表现，被应用到图像分类、定位等领域中。卷积神经网络与其他神经网络相比需要的参数相对较少，因此得以广泛应用。

5.6.1 卷积神经网络的基本概念

卷积神经网络是目前深度学习技术领域中具有代表性的神经网络之一。卷积神经网络中有三个基本的概念：局部感受野，共享权值，池化。

（1）局部感受野

深度神经网络中，往往会把图像的每一个像素点都与全连接层的每一个神经元相连接，而卷积神经网络则不同，它与通过视觉观看图像的时候一致，更多的时候关注的是局部，它的每一个隐藏节点只连接到图像的某个区域，因此减少了参数训练的数量。

（2）共享权值

在卷积神经网络的卷积层中，神经元对应的权值是相同的，权值相同可以

减少训练的参数量。共享的权值和偏置称为卷积核或者滤波器。

(3) 池化

待处理的图像一般比较大，在实际过程中，通过获得图像的主要特征来对原图进行分析，也就是采用图形压缩的思想，对图像进行卷积之后，通过一个下采样过程，调整图像的大小。

一般的卷积神经网络包括卷积层、下采样层、全连接层。卷积层和下采样层可以有更多层，可以有多个卷积层，然后连接一个下采样层。可以重复上述的结构 N 次。

5.6.2 卷积

在泛函分析中，卷积、叠积或旋积，是通过两个函数 f 和 g 生成第三个函数的一种数学算子，表征函数 f 与经过反转和平移的 g 的乘积函数所围成的曲边梯形的面积。函数 f 为输入，函数 g 为卷积核，$f*g$ 被称为特征映射，特征映射能够将数据张量映射到特征空间中。卷积公式如下。

$$(f*g)(x)=\int_{-\infty}^{+\infty}f(\tau)g(x-\tau)\mathrm{d}\tau \tag{5-35}$$

卷积的物理意义是一个函数在另外一个函数上的加权叠加，是对空间的变换，不是简单的平移、翻转、反转等，是卷积神经网络的核心概念。式(5-35)为卷积定义于实数域的函数形式，定义于整数域（离散值）的形式为

$$(f*g)(x)=\sum_{\tau=-\infty}^{+\infty}f(\tau)g(x-\tau) \tag{5-36}$$

输入计算机的数据包含有限个元素的张量（离散值），因此通常采用式(5-36) 的卷积来进行运算。式(5-36) 可以推广到二维、三维……其中一维卷积常常用于序列建模，二维卷积可以提取二维欧氏空间的特征，三维卷积可以用于处理时空特征。

二维卷积运算如下。

$$(f*g)(x,y)=\sum_{s=-\infty}^{+\infty}\sum_{t=-\infty}^{+\infty}f(s,t)g(x-s,y-t) \tag{5-37}$$

5.6.3 卷积核

(1) 卷积核的含义

在图形图像中，需要对图像进行滤波，图像的滤波是利用一个滤波器对图

像进行卷积操作，滤波器也称为卷积核。滤波器是一个矩阵，常见的滤波器（卷积核）如下。

① 对图像无任何影响的卷积核。

$$\begin{matrix} 0 & 1 & 0 \\ 1 & 1 & 1 \\ 1 & 0 & 1 \end{matrix} \tag{5-38}$$

② 对图像进行锐化的滤波器。

$$\begin{matrix} 0 & 0 & 0 \\ 0 & 1 & 0 \\ 0 & 0 & 0 \end{matrix} \tag{5-39}$$

③ 浮雕滤波器。

$$\begin{matrix} -1 & -1 & -1 \\ -1 & 9 & -1 \\ -1 & -1 & -1 \end{matrix} \tag{5-40}$$

④ 均值模糊滤波器。

$$\begin{matrix} 0 & 0.2 & 0 \\ 0.2 & 0.2 & 0.2 \\ 0 & 0.2 & 0 \end{matrix} \tag{5-41}$$

⑤ 高斯模糊滤波器：用于图像的降噪处理，尤其是在边缘检测之前，进行高斯模糊，移除细节带来的影响。

一维高斯滤波器为

$$G(x)=\frac{1}{\sqrt{2\pi\sigma^2}}\mathrm{e}^{-\frac{x^2}{2\sigma^2}} \tag{5-42}$$

二维高斯滤波器为

$$G(x,y)=\frac{1}{2\pi\sigma^2}\mathrm{e}^{-\frac{x^2+y^2}{2\sigma^2}} \tag{5-43}$$

（2）卷积操作（图 5-4）

滤波器是图像处理的基本方式，一个图像在卷积核的基础上进行二维卷积操作。二维卷积是对图像中的每一个像素点，将它的相邻像素形成的矩阵与滤波器矩阵的对应元素相乘，再把相乘后的结果相加，得到该像素的最终值。

像素中的每个像素点都按照上述过程进行卷积操作，即可完成对图像的处

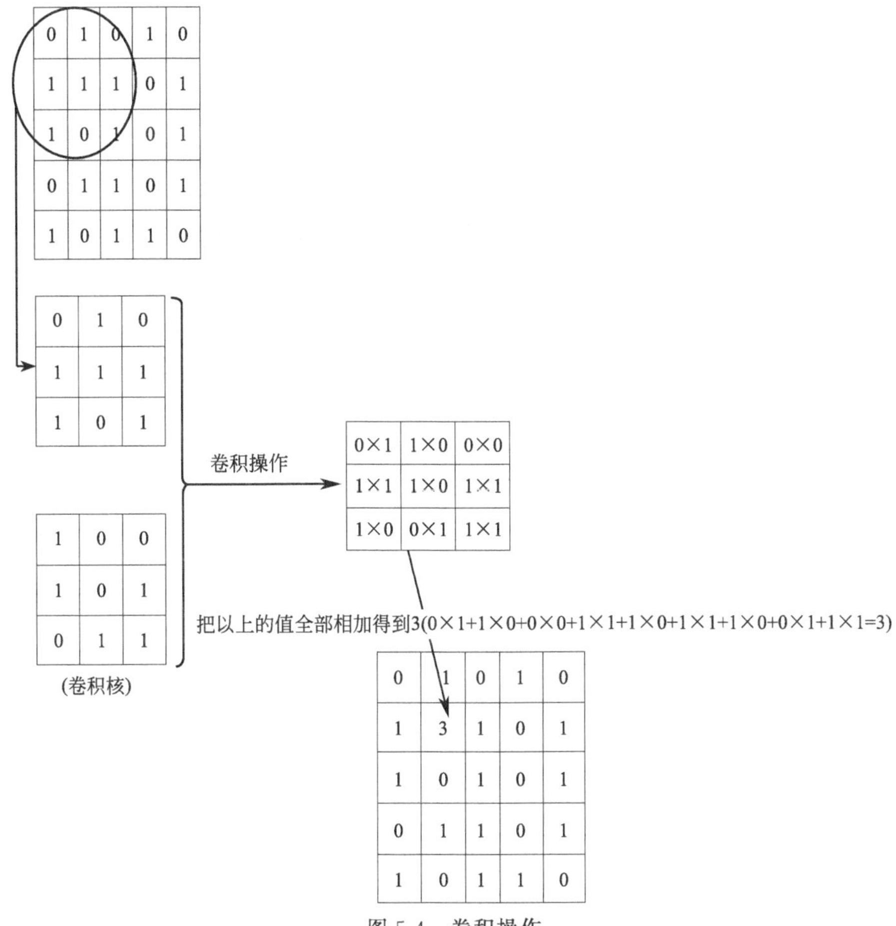

图 5-4　卷积操作

理。图像顶部或者底部的边缘像素可以按照如下方式进行操作。

① 忽略边缘像素：将边缘像素不纳入卷积操作中。

② 填充边缘像素：对边缘像素进行扩展，扩展的边缘像素值用零来填充，也可以采用中心点的像素值来填充，或者使用中心点附近的平均值代替。

（3）卷积核的特征

当滤波器矩阵中的值相加为 0 或者更小时，被滤波器处理之后的图像相对会比原始图像暗，值越小越暗；当滤波器矩阵中的值相加为 1 时，被滤波器处理之后的图像与原始图像的亮度相比几乎一致；当滤波器矩阵中的值相加大于 1 时，被滤波器处理之后的图像相对会比原始图像的亮度更亮。

5.6.4 卷积神经网络各层

(1) 卷积层

卷积层是卷积神经网络不同于其他神经网络的关键之处，卷积层考虑了图像的各种变化情况，比如图像的平移、图像的放大、图像的缩小、图像的旋转等。卷积层不采用全连接的方式，而是采用部分连接的方式。下一层的每一个神经元不再是与上层的每一个神经元连接，而是与相关的神经元相联系。此外，相同样式的边对应的权值也是相同的，这也是卷积层的一个特性：权值共享。

(2) 下采样层

卷积层通过非全连接的方式减少了神经元的连接，减少了计算量，但是神经元的数量没有减少，计算的维度还是比较高，容易出现过拟合问题。为了解决这个问题，在卷积层的后面有一个池化层。池化操作可以大大降低特征的维度，减少计算量，也可以避免过拟合问题。对特征图进行 2×2 池化操作，取每一块的最大值，如图 5-5 所示为下采样层的操作过程。

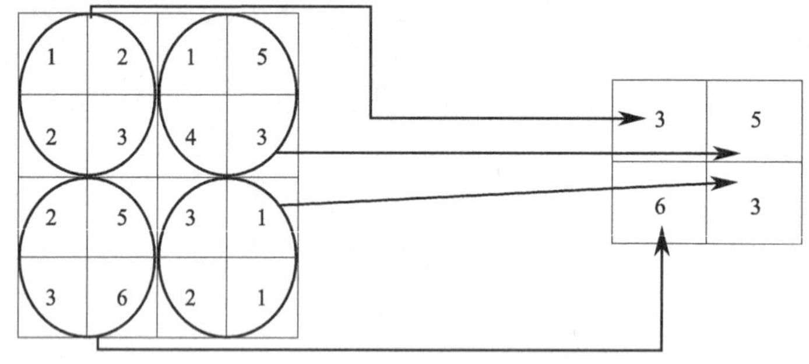

图 5-5 下采样层的操作过程

(3) Softmax 层

Softmax 函数是概率论中常见的归一化函数，它能够将 K 维向量 $\boldsymbol{x}$ 映射到另外一个 K 维向量 $\boldsymbol{p}(x)$ 中，新的 K 维向量的每一个元素值都在 (0,1) 区间，并且所有的 K 维向量之和为 1。公式如下。

$$\boldsymbol{p}(x_i)=\frac{\mathrm{e}^{x_i}}{\sum_{j=0}^{K}\mathrm{e}^{x_j}}(i=1,2,3,\cdots,K) \tag{5-44}$$

Softmax 函数在多分类问题中有广泛的应用，在对向量归一化处理的过程中，尽可能凸显较大值的权值，抑制较小值的影响。

以 MNIST 数据为例，运用卷积神经网络进行分类识别：Conv2D 可以直接接受二维向量（28，28），这对应手写数字灰度图，卷积网络层会将图片分割成多个小块，然后对这些小块做运算，输出一个含有 32 个元素的数组，接着 MaxPooling 层将对上一层传入的数据进行压缩过滤，当数据传给第二个 Conv2D 层后，网络继续重复类似的操作。导入 Keras 的 layers、models、Sequential、Dense 等。

```
In [2]: from keras import layers
        from keras import models
        from keras.models import Sequential
        from keras.layers import Dense, Dropout, Activation, Flatten
        from keras.layers import Conv2D, MaxPooling2D
        model=models.Sequential()
        model.add(layers.Conv2D(32,(3,3),activation='relu',input_shape=(28,28,1)))
        model.add(layers.MaxPooling2D(2,2))
        model.add(Conv2D(64,(3,3),activation='relu'))
        model.add(layers.MaxPooling2D((2,2)))
        model.add(layers.Conv2D(64,(3,3),activation='relu'))
        model.add(layers.Flatten())
        model.add(layers.Dense(10,activation='softmax'))
        model.summary()
```

```
Model: "sequential_1"
```

Layer (type)	Output Shape	Param #
conv2d_1 (Conv2D)	(None, 26, 26, 32)	320
max_pooling2d_1 (MaxPooling2	(None, 13, 13, 32)	0
conv2d_2 (Conv2D)	(None, 11, 11, 64)	18496
max_pooling2d_2 (MaxPooling2	(None, 5, 5, 64)	0
conv2d_3 (Conv2D)	(None, 3, 3, 64)	36928
flatten (Flatten)	(None, 576)	0
dense (Dense)	(None, 10)	5770

```
Total params: 61,514
Trainable params: 61,514
Non-trainable params: 0
```

加载数据如下。

```
In [4]: from keras.datasets import mnist
        from keras.utils import to_categorical
        #加载测试数据集
        (train_images, train_labels),(test_images, test_labels)=mnist.load_data()
        train_images=train_images.reshape((60000,28,28,1))
        train_images=train_images.astype('float32')/255
        #将图片像素点转换为（0,1）之间的值
        test_images=test_images.reshape((10000,28,28,1))
        test_images=test_images.astype('float32')/255
        train_labels=to_categorical(train_labels)
        test_labels=to_categorical(test_labels)
        #网络损失函数的设置
        model.compile(optimizer='rmsprop',loss='categorical_crossentropy',metrics=['accuracy'])
        model.fit(train_images, train_labels, epochs=5, batch_size=64)
        test_loss, test_acc=model.evaluate(test_images, test_labels)
        print(test_acc)
```

```
Epoch 1/5
938/938 [==============================] - 16s 17ms/step - loss: 0.1809 - accuracy: 0.9432
Epoch 2/5
938/938 [==============================] - 16s 17ms/step - loss: 0.0498 - accuracy: 0.9849
Epoch 3/5
938/938 [==============================] - 17s 18ms/step - loss: 0.0344 - accuracy: 0.9894
Epoch 4/5
938/938 [==============================] - 16s 18ms/step - loss: 0.0269 - accuracy: 0.9915
Epoch 5/5
938/938 [==============================] - 16s 18ms/step - loss: 0.0210 - accuracy: 0.9934
313/313 [==============================] - 1s 3ms/step - loss: 0.0278 - accuracy: 0.9913
0.9912999868392944
```

在 TensorFlow 框架下的卷积神经网络如下。

加载数据

In [9]:
```
# -*- coding: utf-8 -*-
import tensorflow.compat.v1 as tf
tf.compat.v1.disable_eager_execution()
tf.disable_v2_behavior()
import tensorflow.examples.tutorials.mnist.input_data as input_data
mnist = input_data.read_data_sets("MNIST_data/", one_hot=True) #下载加载mnist数据

x = tf.placeholder(tf.float32, [None, 784])                    #输入的数据占位符
y_actual = tf.placeholder(tf.float32, shape=[None, 10])        #输入的标签占位符
```

```
WARNING:tensorflow:From C:\Users\lingz\Anaconda3\lib\site-packages\tensorflow\python\compat\v2_compat.py:96:disable_resource_variable
s (from tensorflow.python.ops.variable_scope) is deprecated and will be removed in a future version.
Instructions for updating:
non-resource variables are not supported in the long term
Extracting MNIST_data/train-images-idx3-ubyte.gz
Extracting MNIST_data/train-labels-idx1-ubyte.gz
Extracting MNIST_data/t10k-images-idx3-ubyte.gz
Extracting MNIST_data/t10k-labels-idx1-ubyte.gz
```

In [10]:
```
x
```

Out[10]:
```
<tf.Tensor 'Placeholder:0' shape=(?, 784) dtype=float32>
```

In [11]:
```
mnist
```

Out[11]:
```
_Datasets(train=<tensorflow.examples.tutorials.mnist.input_data._DataSet object at 0x000001BE42C68E10>, validation=<tensorflow.example
s.tutorials.mnist.input_data._DataSet object at 0x000001BE42C680F0>, test=<tensorflow.examples.tutorials.mnist.input_data._DataSet obj
ect at 0x000001BE42B129E8>)
```

定义相关函数

In [12]:
```
#定义一个函数，用于初始化所有的权值 W
def weight_variable(shape):
    initial = tf.truncated_normal(shape, stddev=0.1)
    return tf.Variable(initial)

#定义一个函数，用于初始化所有的偏置项 b
def bias_variable(shape):
    initial = tf.constant(0.1, shape=shape)
    return tf.Variable(initial)

#定义一个函数，用于构建卷积层
def conv2d(x, W):
    return tf.nn.conv2d(x, W, strides=[1, 1, 1, 1], padding='SAME')

#定义一个函数，用于构建池化层
def max_pool(x):
    return tf.nn.max_pool(x, ksize=[1, 2, 2, 1],strides=[1, 2, 2, 1], padding='SAME')
```

构建网络模型

In [13]:
```
#构建网络
x_image = tf.reshape(x, [-1,28,28,1])         #转换输入数据shape,以便用于网络中
W_conv1 = weight_variable([5, 5, 1, 32])
b_conv1 = bias_variable([32])
h_conv1 = tf.nn.relu(conv2d(x_image, W_conv1) + b_conv1)      #第一个卷积层
h_pool1 = max_pool(h_conv1)                                   #第一个池化层

W_conv2 = weight_variable([5, 5, 32, 64])
b_conv2 = bias_variable([64])
h_conv2 = tf.nn.relu(conv2d(h_pool1, W_conv2) + b_conv2)      #第二个卷积层
h_pool2 = max_pool(h_conv2)                                   #第二个池化层

W_fc1 = weight_variable([7 * 7 * 64, 1024])
b_fc1 = bias_variable([1024])
h_pool2_flat = tf.reshape(h_pool2, [-1, 7*7*64])              #reshape成向量
h_fc1 = tf.nn.relu(tf.matmul(h_pool2_flat, W_fc1) + b_fc1)    #第一个全连接层

keep_prob = tf.placeholder("float")
h_fc1_drop = tf.nn.dropout(h_fc1, keep_prob)                  #dropout层

W_fc2 = weight_variable([1024, 10])
b_fc2 = bias_variable([10])
y_predict=tf.nn.softmax(tf.matmul(h_fc1_drop, W_fc2) + b_fc2)   #softmax层
```

目标优化函数设置

In [14]:
```
cross_entropy = -tf.reduce_sum(y_actual*tf.log(y_predict))      #交叉熵
train_step = tf.train.GradientDescentOptimizer(1e-3).minimize(cross_entropy)#梯度下降

correct_prediction = tf.equal(tf.argmax(y_predict, 1), tf.argmax(y_actual, 1))
accuracy = tf.reduce_mean(tf.cast(correct_prediction, "float"))  #精确度计算
```

模型训练

In [15]:
```
sess=tf.InteractiveSession()
sess.run(tf.initialize_all_variables())

for i in range(9000):
    batch = mnist.train.next_batch(50)
    if i%100 == 0:
        train_acc = accuracy.eval(feed_dict={x:batch[0], y_actual: batch[1], keep_prob: 1.0})
        print('step',i,'training accuracy',train_acc)
        train_step.run(feed_dict={x: batch[0], y_actual: batch[1], keep_prob: 0.5})

test_acc=accuracy.eval(feed_dict={x: mnist.test.images, y_actual: mnist.test.labels, keep_prob: 1.0})
print("test accuracy",test_acc)
```

5.7 循环神经网络和长短期记忆网络

5.7.1 循环神经网络

循环神经网络（Recurrent Neural Network，RNN）是一类专门用于处理和预测序列数据的神经网络，它对可变长度的序列数据有较强的处理能力，就像卷积神经网络擅长处理大小可变的图像一样，每个深度神经网络都有其自身的优势。卷积神经网络更适合于图像识别领域，循环神经网络更适合于自然语言处理领域。循环神经网络还有一种很重要的结构——长短时记忆网络（Long Short-Term Memory，LSTM）。循环神经网络还有其他一些变种，如双向循环神经网络和深度循环神经网络。

循环神经网络出现于20世纪80年代，其雏形见于美国物理学家J. J. Hopfield于1982年提出的可用作联想存储器的互联网络——Hopfield神经网络模型。由于其在早期没有大量地被应用，后期被一些传统的机器学习算法以及新兴的支持反向传播的全连神经网络所替代。

最近几年，由于循环神经网络在结构方面的进步和GPU硬件性能的发展而出现的深度学习训练的效率有所突破，RNN算法越来越流行。RNN对具有

时间序列特性的数据比较有效，能挖掘出数据中的时序信息以及语义信息。

如图 5-6 所示是循环神经网络的一个典型结构。图中 $o^{(t)}$ 表示循环神经网络在时刻 t 给出的一个输出，$x^{(t)}$ 表示在时刻 t 循环神经网络的输入。H 是循环神经网络的主体结构，循环的过程就是 H 的不断被执行。

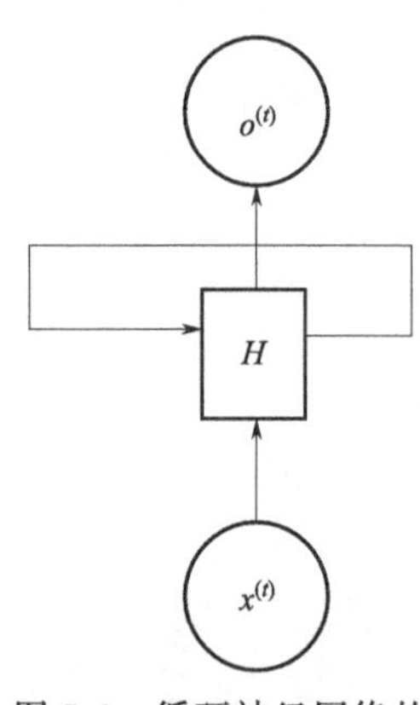

图 5-6　循环神经网络的一个典型结构

在 t 时刻，H 读取输入层的 $x^{(t)}$，输入一个值 $o^{(t)}$，这时候 H 的状态值从当前步传递给下一步。H 的输入来自输入层 $x^{(t)}$ 的输入和上一时刻 H 的输出，这就是典型的循环神经网络的工作过程。

可以用数学公式来表示循环神经网络。H 结构，可以认为是循环神经网络的一个隐藏单元，在 t 时刻的状态值用 $h^{(t)}$ 表示，于是有下面的数学公式。

$$h^{(t)}=f[h^{(t-1)};\theta] \tag{5-45}$$

式中，θ 表示网络中的权重或偏置；h 在时刻 t 的值需要参考在 $t-1$ 时刻的值。

当 $t=2$ 时，对上面的公式展开可以得到下面的数学公式。

$$h^{(2)}=f[h^{(1)};\theta]=f\{f[h^{(0)};\theta];\theta\} \tag{5-46}$$

在时刻 t，对网络加入输入信号 $x^{(t)}$ 的时候，H 结构在 t 时刻的状态值如下所示。

$$h^{(t)}=f[h^{(t-1)},x^{(t)};\theta] \tag{5-47}$$

循环神经网络在每一个时刻都会有一个输入，H 根据输入和上一个 H 的结果得出一个输出。

从循环神经网络的执行机制可以得出，循环神经网络最擅长解决与时间序列相关的问题。对于一个序列数据，可以将这个序列上的数据在不同时刻依次传入循环神经网络的输入层，每一个时刻的循环神经网络的输出可以是对序列中下一个时刻的预测，也可以是对当前时刻信息的处理结果。

循环神经网络可以看作是某一神经网络结构在时间序列上多次执行的结果。循环神经网络处理实际问题时，最重要的是要如何设计循环体的网络结构。可以通过下面的公式来理解循环神经网络的前向传播过程，假设双曲正切激活函数为

$$h^{(t)}=\tanh[b^{h}+\boldsymbol{W}h^{(t+1)}+\boldsymbol{U}x^{(t)}] \tag{5-48}$$

式中，b^{h} 是由输入 $x^{(t)}$ 得到 $h^{(t)}$ 的偏置值；$\boldsymbol{W}$ 是隐藏单元间的权重；$\boldsymbol{U}$ 是从 $x^{(t)}$ 计算得到隐藏单元时用到的权重矩阵。

循环体中的神经网络输出结果，一方面被作为当前时刻的状态提供给下一

个时刻；另一方面提供给当前时刻的输出，在循环体的外部还需要另外一个全连接神经网络来完成这个过程，表达式如下。

$$o^{(t)}=b_0+\mathbf{V}h^{(t)} \tag{5-49}$$

式中，b_0 表示由 $h^{(t)}$ 计算得到 $o^{(t)}$ 时用到的偏置值；$\mathbf{V}$ 是由 $h^{(t)}$ 计算得到 $o^{(t)}$ 时用到的权重矩阵。

如果输出是离散的，表示离散变量的常规方式是把输出 $o^{(t)}$ 作为离散变量可能值的非标准化对数概率，于是就可以用 softmax 函数进行后续分类处理，最后得到标准化后的概率输出 $y^{(t)}$。

$$y^{(t)}=\text{softmax}[o^{(t)}] \tag{5-50}$$

这就是一个简单的循环神经网络的前向传播计算过程，输出的 $o^{(t)}$ 就是网络在时刻 t 的前向传播结果。

简单循环神经网络前向传播计算过程的 Python 编程如下。

```
In [13]: #执行两轮循环，模拟前向传播过程
         for i in range(len(x)):
             #numpy的dot()函数用于矩阵相乘
             before_activation=np.dot(init_state,W)+x[i]*U+b_h
             #numpy提供了tanh（）函数，用于实现双曲正切函数的计算
             state=np.tanh(before_activation)
             #本时刻的状态作为下一时刻的初始状态
             init_state=state
             #计算本时刻的输出
             final_output=np.dot(state,V)+b_o

             print("t%s state:%s"%(i+1,state))
             print("t%s output: %s\n" %(i+1,final_output))

         t1 state:[0.86678393 0.44624361]
         t1 output: [0.75651377]

         t2 state:[0.64443809 0.5303174 ]
         t2 output: [0.68737775]
```

优化循环神经网络的时候，需要计算它的损失函数，循环神经网络的输出和时刻有关，它的损失是所有时刻（或者部分时刻）上损失函数的总和。

循环神经网络梯度的计算如下。

某个循环神经网络把一个输入序列映射到相同长度的输出序列，输出 $o^{(t)}$ 的总损失是所有时间步内的损失之和。

要计算这个损失之和有很多种形式。这里介绍用于 RNN 的反向传播算法，通常被称为通过时间反向传播（Back-Propagation Through Time，BPTT）。

使用递归的方式计算 RNN 中的每一个单元 N 后面单元的梯度 $\nabla_N L$，从最终损失的节点开始递归。

$$\frac{\partial L}{\partial L^{(t)}}=1 \tag{5-51}$$

假设所有时间步的输出经过 softmax 函数得到输出概率的向量。输出向量有多个值。对于时间步 t 输出梯度为

$$\nabla_{o^{(t)}} L=\frac{\partial L}{\partial o^{(t)}}=\frac{\partial L}{\partial L^{(t)}}\times\frac{\partial L^{(t)}}{\partial o^{(t)}} \tag{5-52}$$

状态的梯度，一般从末尾开始，反向进行计算。在最后的时间步 t，$h^{(t)}$ 直接输出到 $o^{(t)}$，梯度计算如下。

$$\nabla_{h^{(t)}} L=\boldsymbol{V}^{\mathrm{T}}\ \nabla_{o^{(t)}} L \tag{5-53}$$

以时刻 $t=i$ 为例，状态梯度可按照下式计算。

$$\begin{aligned}\nabla_{h^{(i)}} L&=\left[\frac{\partial h^{(i+1)}}{\partial h^{(i)}}\right]^{\mathrm{T}}[\nabla_{h^{(i)}} L]+\left[\frac{\partial o^{(i)}}{\partial h^{(i)}}\right]^{\mathrm{T}}[\nabla_{o^{(i)}} L]\\&=\boldsymbol{W}^{\mathrm{T}}[\nabla_{h^{(i+1)}} L]\mathrm{diag}\{1-[h^{(i+1)}]^2\}+\boldsymbol{V}^{\mathrm{T}}[\nabla_{o^{(i)}} l]\end{aligned} \tag{5-54}$$

参数 b_o 的表示如下。

$$\nabla_{b_o} L=\sum_t\left[\frac{\partial o^{(t)}}{\partial b_o^{(t)}}\right]^{\mathrm{T}}[\nabla_{o^{(t)}} L] \tag{5-55}$$

参数 b_h 的梯度表示如下。

$$\nabla_{b_h} L=\sum_t\frac{\partial h^{(t)}}{\partial b_h^{(t)}}[\nabla_{h^{(t)}} L]=\sum\mathrm{diag}\{1-[h^{(t)}]^2\}\nabla_{h^{(t)}} L \tag{5-56}$$

权重参数 $\boldsymbol{V}$ 的梯度如下。

$$\nabla_{\boldsymbol{V}} L=\sum_t\frac{\partial L}{\partial o^{(t)}}\ \nabla_{\boldsymbol{V}^{(t)}}^{o^{(t)}} \tag{5-57}$$

权重参数 $\boldsymbol{W}$ 的梯度如下。

$$\nabla_{\boldsymbol{W}} L=\sum_t\frac{\partial L}{\partial h_i^{(t)}}\ \nabla_{\boldsymbol{W}^{(t)}}^{h_i^{(t)}} \tag{5-58}$$

权重参数 $\boldsymbol{U}$ 的梯度如下。

$$\nabla_{\boldsymbol{U}} L=\sum_t\frac{\partial L}{\partial h^{(t)}}\ \nabla_{\boldsymbol{U}^{(t)}}^{h^{(t)}} \tag{5-59}$$

5.7.2 长短期记忆网络模型

长短期记忆网络（LSTM）模型是在 RNN 的基础上改进的，RNN 是以序列数据的形式输入的，每层之间都有连接，用来记忆之前的信息，这些信息对后续节点的输出有一定的影响。RNN 通过不断对信息进行循环操作，确保信息持续存在。

循环神经网络分解如图 5-7 所示。

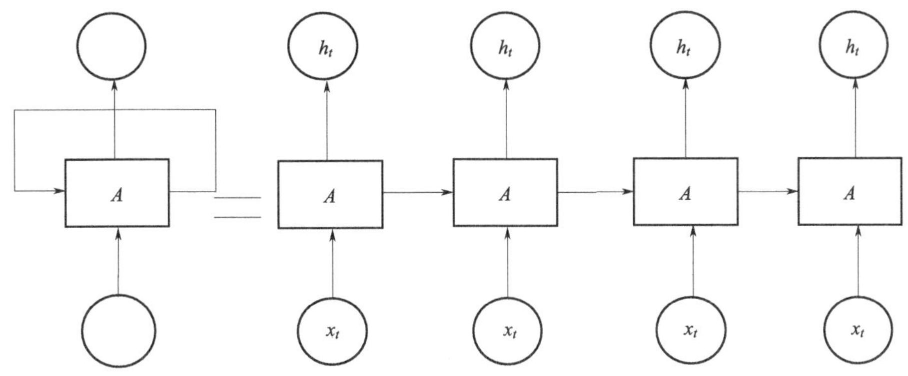

图 5-7 循环神经网络分解

其中 A 为一组神经网络，x_t 为循环神经网络的输入，h_t 为循环神经网络的输出。循环神经网络中输入信息经过 A 输出 h_t 是一条线路，另一条线路是信息由上一步传递到下一步。循环神经网络需要记住之前的很多信息，有时候会因为梯度消失而使前面很多信息消失，并且网络损耗比较大，准确率比较低。LSTM 解决了这些问题，在处理信息时，网络使用之前的信息，也会在处理的过程中，根据情况决定是否选择遗忘一些不重要的信息。LSTM 包括遗忘门、传入门、输出门门控机制控制信息状态和传递信息。LSTM 单元结构如图 5-8 所示。

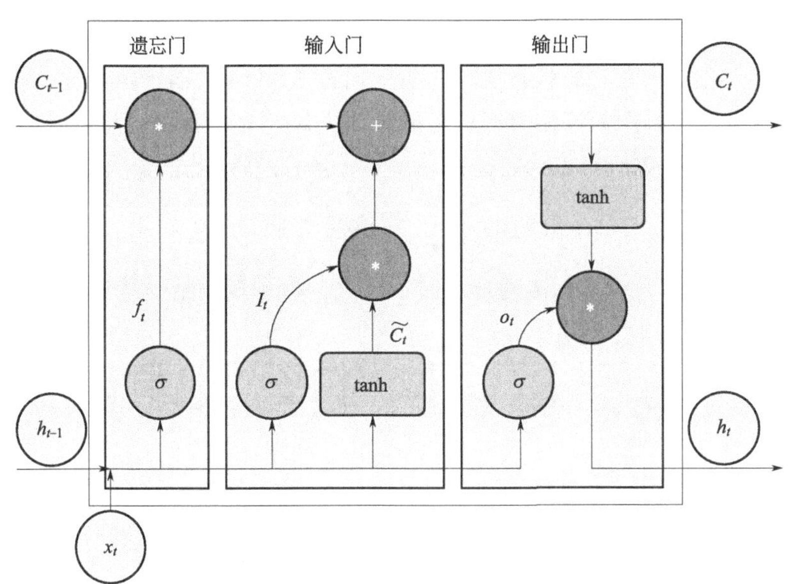

图 5-8 LSTM 单元结构

遗忘门主要决定 LSTM 单元需要忘记的信息，它是通过 sigmoid 函数实现的，输出值在［0,1］之间，向量维数和 C_{t-1} 相同。

遗忘门 f_t：通过 sigmoid 函数处理 0～1 的值，0 表示全部丢弃，1 表示全部保留，通过如下公式实现。

$$f_t=\sigma(W_f[h_{t-1},x_t]+b_f) \tag{5-60}$$

式中，f_t 是 t 时刻的状态值；h_{t-1} 是前一时刻隐藏层状态变量；W_f 和 b_f 分别是对应的权值及偏置。

输入门为

$$i_t=\sigma(W_i[h_{t-1},x_t]+b_i) \tag{5-61}$$

$$\widetilde{C}_t=\tanh(W_C[h_{t-1},x_t]+b_C \tag{5-62}$$

当前时刻记忆单元由两部分组成：一部分是丢弃部分长期记忆的信息；另一部分是通过输入门得到当前时刻新增加的信息，如下面的公式。

$$C_t=f_tC_{t-1}+i_t\widetilde{C}_t \tag{5-63}$$

式中，i_t 是输入门 t 时刻的状态值；C_t 是 t 时刻（当前时刻的单元状态）记忆单元的值；$\widetilde{C}_t$ 是 t 时刻基于单元的候选信息；C_{t-1} 是前一时刻记忆单元状态变量。

输出门为

$$o_t=\sigma(W_o[h_{t-1},x_t]+b_o) \tag{5-64}$$

$$h_t=o_t\tanh C_t \tag{5-65}$$

式中，o_t 是 t 时刻的状态值；h_t 是 t 时刻 LSTM 的输出状态值。

采用均方误差作为评估模型的性能，均方误差表示真实值与估计误差平方的期望值，用 MSE（Mean Squared Error）表示，公式如下。

$$\mathrm{MSE}=\frac{1}{n}\sum_{i=1}^{n}(\hat{y}-y)^2 \tag{5-66}$$

MSE 值越小，模型预测精度越高；反之，模型预测精度越低。

5.8 基于 LSTM 的驾驶意图识别

5.8.1 驾驶行为

驾驶人行为模型的研究经历三个阶段：模型探索阶段、模型活跃阶段和认知行为建模活跃阶段。

（1）模型探索阶段

在驾驶行为模型探索阶段，各国学者对驾驶行为开展了探索性的研究，取得了一定的成果，为以后发展驾驶行为很多方面的研究奠定了一定的基础。驾驶行为研究发展历程再现了当时学者们的努力成果。

（2）模型活跃阶段

2001 年，Truls VI 提出了预测、规避和评估危险驾驶任务的最佳指标是驾驶人认知和情感。2002 年，Misener 提出了改善道路交叉口的安全技术。PATH 研究小组研究了增加道路通行能力和安全性以及减少道路拥堵与交通事故的先进技术。

（3）认知行为建模活跃阶段

夏威夷大学心理学教授 Leon James 从社会心理学角度研究驾驶人的情感和认知，在研究过程中，分析了驾驶人表现出来的不安情绪、认知偏差、感知运动失误等方面。王晓原提出了基于认知活动链驾驶人行为协调仿真模型。刘雁飞运用 ACT-R 建模工具提出了驾驶认知行为建模方法，并通过两种方法对模型的适用性和灵活性进行了验证，这两种方法分别是基于模型的驾驶行为预测和基于实验的驾驶模型验证。

国内外学者对驾驶行为的安全研究包括驾驶行为的可靠性和适应性、驾驶行为事故倾向性、驾驶人的心理因素、道路交通环境对驾驶行为的影响、驾驶疲劳研究等。

王生昌研究了事故组和非事故组驾驶人的反应时间与运动时间的平均参数的差别，都与交通事故倾向性存在正相关。彭楚翘研究了事故组驾驶人的视觉、听觉的反应时间都比安全组的长。金会庆对驾驶人的听力、身高、视力等方面进行了研究，发现事故组和非事故组有着显著差异。李百川测试了事故组驾驶人的心理、生理等状况，并建立了驾驶人检测体系。国内很多学者采用各种模型对驾驶人适应性与可靠性进行了相关研究。

付锐用统计学方法研究了肇事驾驶人的总体性格特点，并对高事故倾向的驾驶人提出了各种建议。李凤芝研究分析了事故倾向性驾驶人的心理和生理的评价指标。庄明科研究了驾驶行为的结构及风险驾驶行为因素和交通事故的关系，得出 4 个因素，并研究了驾驶经验、驾驶态度、驾驶技术等与驾驶行为的关系。

刘宁对驾驶人的注意力测量方法和使用范围以及条件进行了介绍。袁伟分析了驾驶人操作行为的 3 个阶段，即信息感知、轨迹决策和操作校正，并得出结果，随着通行条件变得困难，驾驶人用于信息感知的时间比例在减少，用于操作校正的时间反而增加。

王健通过对几个国家交通事故的对比分析得出限速标志能降低事故发生的结论。张殿业研究了道路标线对驾驶行为的影响。潘晓东研究了驾驶人心理和生理反应与平曲线长、平曲线半径、平曲线转角等之间的关系。潘福全研究了交叉口驾驶行为特征和驾驶行为与交通事故的关系。孙绍鑫研究分析了道路线性与驾驶人心理和驾驶人心率的相关性。

金健研究了驾驶人的疲劳，并构建了关于驾驶疲劳的测评体系。焦昆分析了驾驶人的精神疲劳和体力疲劳，并建立了模型。张南建立了模糊数学评价模型，对驾驶疲劳进行了评价。杨光瑜通过检测驾驶人对图片、图表等的反应速度判断驾驶人状态。李斌分析了驾驶时间和驾驶能力的关系，并得出了在 8～12h 之间，反应能力和注意力降低，感知能力和操作能力变化不明显。吴超仲通过驾驶实验，建立了模型，并对模型进行了参数识别。

王武宏建立了驾驶行为模式，得出驾驶人失误率的公式，并说明了心理因素对驾驶可靠性的影响程度。魏朗研究了驾驶人的安全性认知与评价过程，建立了驾驶人对道路结构和环境因素的模糊评价及模拟计算模型。贾洪飞应用认知心理学理论建立了信息处理结构模型，并对模型进行了分析。马丹分析了驾驶人生理周期对驾驶行为的影响，找出了存在的规律，并且为交通管理和控制提出了建议。王晓原运用驾驶行为决策机制，构建了驾驶决策识别模型。

Hashim Al-Madani 研究分析了驾驶人对交通标志的视认性，并得出教育水平、国籍、月收入等对驾驶人的识别影响比较大，年龄、经验、婚姻等影响较小。George Yannis 通过对国外和本地驾驶人的事故率分析，得出国外驾驶人的事故风险率更高。Mayou 和 Brant 经研究发现肇事经历使驾驶人心理压力过大。Smart 研究得出在同样的条件下女性比男性的压力更大，出事故的概率更高。Hollnagel 提出了 GREAM 模型，此模型有两种方法进行可靠性分析，即基本法和扩展法。

5.8.2 驾驶行为与驾驶意图

驾驶意图是由人在驾驶行为过程中产生的思维活动，对驾驶意图进行研究必须先对人的驾驶行为进行分析。在驾驶过程中驾驶人会接收到很多外界信息，如其他车辆、行人、交通标志、交叉口等。通过视觉、听觉和触觉等感觉器官，驾驶人将外界的信息进行收集整理，做出判断和决定，通过操作来控制车辆的状态。驾驶行为指的是与驾驶人相关的各种处理操作的总称，通过对外

界信息的处理控制车辆运行的各种操作动作，以此来协调与其他车辆之间的安全关系等行为，如图 5-9 所示。

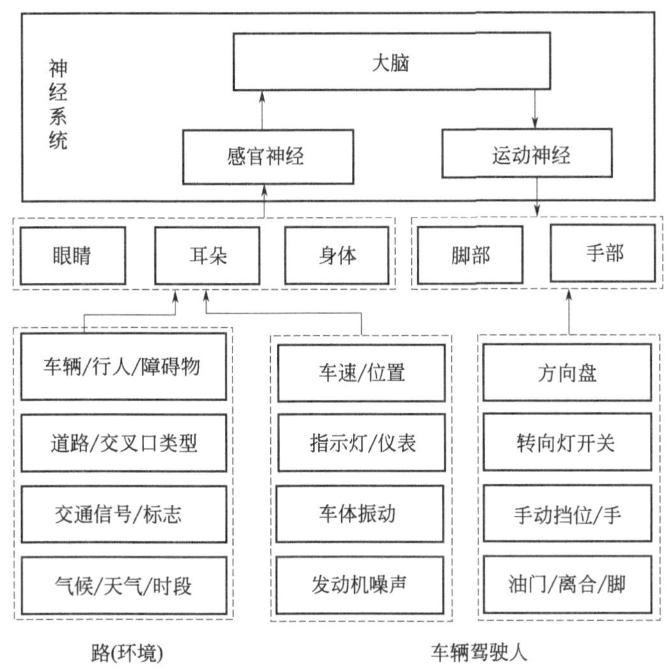

图 5-9　驾驶行为形成要素及其相互关系

驾驶行为的执行是由人的功能器官分层次沿时间轴循序进行的。驾驶意图可以看作人执行了部分驾驶行为后，又对当前道路环境的信息所做的一种决策，这个决策与驾驶人的主观愿望、驾驶经验和操作习惯等有关。决策的目的可以指导驾驶人后续驾驶行为的执行。

驾驶意图的产生存在于驾驶行为的过程中，并可据此控制驾驶行为后续的驾驶意图，存在于信息感知、决策和后续操控车辆为主的驾驶行为之间，如图 5-10 所示。驾驶意图的获取除了通过脑电信号进行识别之外，还可以通过外界的环境以及驾驶人控制车辆的行为来分析识别。外界的环境可以决定驾驶人可能产生的驾驶意图，还可以确定不同类型的驾驶意图分布。驾驶人的行为受到驾驶意图的驱使，在时空上是先产生驾驶意图后有驾驶行为，通过驾驶人行为动作信息对驾驶意图的识别是个反向过程。

驾驶意图的目的就是指导后续的驾驶动作行为，使得车辆能够按照驾驶人的意图去行驶。车辆在同一意图的驱使下，使用哪种操纵序列需要根据实际环境和驾驶人的驾车习惯而定。提前识别驾驶人的意图也就是获取驾驶人对未来

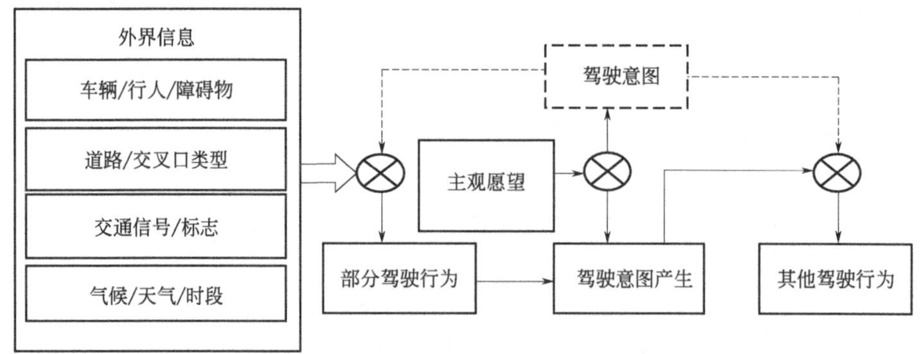

图 5-10　驾驶意图的产生过程

车辆运行的需求，针对这种情况提前报警，可以阻止或纠正在危险情况下的驾驶行为。

通过观察一系列的驾驶行为可以知道驾驶人的驾驶意图，当驾驶人需要左转弯的时候，他就会打开左转向灯，降低速度，转动方向盘，因此要识别驾驶人的意图，需要通过驾驶行为的车辆参数或者驾驶人的脑电信号来进行。

驾驶行为主要分为加速和制动类驾驶行为、转向类驾驶行为，驾驶意图主要分为复杂驾驶意图和简单驾驶意图。

5.8.3　驾驶意图

（1）驾驶意图分析

影响驾驶人换道意图识别的高低，主要有输入参数和运用模型的选择。传统的输入参数主要有车辆的参数，如方向盘转角、加速踏板的移动距离、刹车踏板的移动距离等。有的学者运用驾驶人的视觉信息及头部动态信息作为输入参数进行识别，有的学者运用驾驶人的生理电信号作为输入参数，还有的学者运用道路环境信息作为输入参数，如自车周围车辆、行人等。

驾驶意图识别模型主要用隐马尔科夫模型、支持向量机模型、传统的神经网络模型以及两个模型的级联算法等来进行识别。驾驶意图识别模型中，隐马尔科夫模型利用观察的序列计算可能的驾驶行为的概率，估计不可观测的状态，通过最大化和最大似然估计的状态来判断不可观测状态，主要用于小样本事件。支持向量机模型在驾驶意图识别中应用比较广泛，主要通过核函数映射到高维数据空间，在高维空间分类，构建一个超平面，使得不同样本类型间的隔离达到最大化，但是支持向量机模型在驾驶意图识别时，模型的惩罚参数需要经验数据给定，因此预测的准确度受到一定的影响。传统的神经网络模型对于驾驶意图识别有较好的识别率，具有很强的自学习能力，识别结果比较可靠，模型参数可调，具有更广的适用性，在驾驶意图识别中发挥着重要作用。BP神经网络在驾驶意图识别中运用较多，但是这种传统的神经网络对于大数据、多维度的处理受到一定的限制，处理效果不理想。级联模型的驾驶意图识别效果较好，支持向量机的惩罚参数可以运用粒子群等算法进行优化，取得更好的模型参数；BP神经网络可以运用粒子群算法进行优化；另外还有Kalan滤波算法的神经网络、EKF（Extended Kalman Filter）学习方法的BP神经网络等。相对于单一模型，级联模型是在单一模型的基础上发展起来的，识别率较高。

刘志强等运用隐马尔科夫模型和支持向量机模型对驾驶意图进行识别，该算法发挥了两种分类器的优势，提高了整个双层算法的识别能力，识别率达到95.84%。长安大学的郭应时等运用传统的神经网络和证据理论模型对驾驶意图进行识别，识别率最高达到96%。但是这些级联模型的运用，只能解决小样本问题，面对如今的大数据，这些模型的使用效率下降。

采用深度学习的驾驶意图越来越受到学者的关注，深度学习通过组合低层次的特征，能学习出更高层次的特征，来发现数据的特征规律。它的主要思想是把神经网络逐层进行无监督训练，把所有的层都叠加起来，构建一个多层次的深度结构的神经网络来学习数据特征。深度学习具有深度，相对于传统的神经网络有更多的连接，训练方式为逐层训练。深度学习在多个领域有所应用，如交通管理和交通控制以及交通流等研究领域。

张海伦等运用双层连续隐马尔科夫模型-贝叶斯生成分类器（GHMM-BGC）和长短时记忆网络的行为识别及预测，使长短时记忆网络的识别率上升了11.24%。Alex Zyner等采用循环神经网络预测在无信号交叉口时的驾驶意图，但是循环神经网络的梯度有缺陷，A. Jain等以驾驶人头部运动作为特征，构建了RNN-LSTM模型预测驾驶意图。季学武等提出运用LSTM识别驾驶意图，并得出比传统的识别算法有明显优势的结论。王亚伟等运用LSTM模型对转向意图进行了预测，并得出92.3%的识别率。

（2）驾驶意图时窗的选择

驾驶意图通过驾驶人对车辆的操作量可以反映出来，因此需要对反映驾驶意图的操作特征量序列进行有效截取。操作量的截取起始点和长度，会影响驾驶人转向意图辨识模型的有效性，因此需要对驾驶意图时窗进行选取。为了得到驾驶人意图样本，驾驶人意图的表征时窗需要确定，在驾驶人驾驶的过程中，根据打开转向灯的时刻或者转动方向盘的时刻作为驾驶意图时窗的开始时刻。对于转向灯的使用，国内驾驶人不打转向灯的现象有很多，因此选取转动方向盘的时刻作为驾驶意图转向的依据。国内外学者对驾驶人转向意图时窗的确定有很多的研究。Doshi 等在换道的时候选取前 2s 和前 3s 进行驾驶意图识别，对比结果表明换道前 2s 识别准确率较高。徐慧智等将换道意图阶段定为 10s，研究了驾驶人注视点的转移特性。霍克通过试验录像得出驾驶人换道意图时窗一般为 6s。

根据以上对驾驶意图的研究及分析，将驾驶意图时窗选择为 3s 进行分析。

5.8.4 基于 LSTM 的深度学习驾驶意图识别

① 加载 NumPy 库；把数据集加载到程序中；显示数据的行和列；确定并查看训练集和验证集。

```
In [18]: import numpy as np

In [19]: data = np.load('X.npy')

In [20]: #注意到label分布，前面全是0，后面全是1，所以shuffle了一下数据
         #np.random.shuffle(data)

In [21]: data.shape
Out[21]: (6528, 17)

In [22]: # 训练集
         X_train=data[0:4000,:-1]
         y_train=data[0:4000,-1]

         # 验证集
         X_valid=data[4000:,:-1]
         y_valid=data[4000:,-1]
```

② 查看训练集。

```
In [23]: X_train
Out[23]: array([[6.7278230e-01, 2.5389878e-05, 8.3486739e-06, ..., 3.5601527e-06,
                 3.8074127e-06, 1.8752509e-07],
                [6.0791123e-01, 1.1861188e-04, 2.3321378e-05, ..., 3.1595033e-07,
                 1.3266663e-06, 1.2155272e-06],
                [5.5929095e-01, 1.3091789e-04, 8.5615557e-06, ..., 2.1134792e-07,
                 6.8122134e-08, 3.1380966e-06],
                ...,
                [2.1199547e-01, 3.7475079e-03, 1.1020843e-03, ..., 7.5294437e-09,
                 9.2571558e-05, 5.0698036e-05],
                [2.4128869e-01, 1.4473584e-04, 5.7721804e-06, ..., 7.5919706e-07,
                 3.8031965e-06, 8.1830694e-06],
                [2.5036392e-01, 7.0681774e-05, 3.6272999e-05, ..., 1.3384526e-07,
                 7.0109454e-06, 7.0535270e-07]], dtype=float32)

In [24]: y_train
Out[24]: array([0., 0., 0., ..., 1., 1., 1.], dtype=float32)
```

③ 加载 TensorFlow，并运用 LSTM 模型进行识别。

In [25]:
```
from tensorflow.keras.models import Sequential
from tensorflow.keras.layers import LSTM, Dense
from tensorflow.keras.utils import to_categorical

data_dim = 1
timesteps = 16
num_classes =2
#期望输入数据尺寸: (batch_size, timesteps, data_dim)
model = Sequential()
model.add(LSTM(32,return_sequences=True,input_shape=(data_dim,timesteps)))  # 返回维度为 32 的向量序列
model.add(LSTM(32,return_sequences=True))  # 返回维度为 32 的向量序列
model.add(LSTM(32))  # 返回维度为 32 的单个向量

model.add(Dense(2,activation='softmax'))

model.compile(loss='categorical_crossentropy',
              optimizer='adam',
              metrics=['accuracy'])

#数据维度调整
#缺省值-1代表不知道要将行（或者列）设置为多少，reshape函数会根据原矩阵的形状自动调整
X_train=np.reshape(X_train, (X_train.shape[0],1,X_train.shape[1]))
X_valid=np.reshape(X_valid, (X_valid.shape[0],1,X_valid.shape[1]))
y_train = to_categorical(y_train)#将类别向量转换为二进制（只有0和1）的矩阵类型表示。其表现为将原有的类别向量转换为独特编码的形式
y_valid = to_categorical(y_valid)

model.fit(X_train, y_train,
          batch_size=8, epochs=1000,
          validation_data=(X_valid, y_valid))
```

第6章

深度学习的交通流预测研究

6.1 交通流理论基础

交通流是车辆在道路上连续行驶形成的车流，随着时间的推移而呈现不同的状态，以不同的观测尺度形成交通流时间序列。

交通流量是在指定道路或断面上单位时间内观测到的车辆数。连续交通流量中的交通状况取决于观测路段内车辆、道路、环境的相互作用和影响，在不同时间、道路等因素的状况下，呈现不同的走势。交通流量按照交通设施可划分为连续交通流量和间断交通流量。

交通流预测指的是使用机器学习模型，将采集到的大量的历史交通流数据，通过前期的数据分析和预处理，以及后期的模型训练来预测某一时间段内的交通流量。

6.1.1 交通流三参数

交通流三参数指的是交通流量、交通流速度、交通流密度，它们是宏观参数。宏观参数能更加全面准确地反映交通流的状态。

（1）交通流量

交通流量是指在特定的某一段时间内，指定的一条道路的某一条车道或者指定监测点的交通流量数据。交通流量是衡量道路交通是否拥堵的重要指标，根据某一路段指定时间段交通流量的多少，来判断此路段道路交通是否通畅，然后采取相应的措施进行交通疏导。因此在交通流量的预测中，交通流量数据的收集和存储都很重要。

根据交通流划分原则将交通流数据划分为多种类型。按照交通流量类型的不同，把交通流数据分为行人、机动车、非机动车交通流三类。

（2）交通流速度

交通流速度简称流速，是一个可以反映出车辆在交通道路上行驶快慢的参数。交通流速度可以分为地点速度、平均速度等。在交通流预测中，一般对平均速度进行研究，包括时间平均速度和区间平均速度。

交通流瞬时速度也叫地点速度，表示车辆在行驶过程中，到达某一特定时刻或者某一特定观测点的速度。

$$v=\frac{\mathrm{d}x}{\mathrm{d}t}=\lim_{(t_2-t_1)\to 0}\frac{x_2-x_1}{t_2-t_1} \tag{6-1}$$

式中，v 为瞬时速度；x_1、x_2 分别表示在 t_1、t_2 时刻车辆所行驶的路程。瞬时速度表示车辆在行驶过程中的运动状态。

时间平均速度 $\overline{v}_{\mathrm{t}}$ 的计算公式如下。

$$\overline{v}_{\mathrm{t}}=\frac{1}{N}\sum_{i=1}^{N}v_i \tag{6-2}$$

式中，N 为既定时间内统计的交通流量的总数；v_i 为第 i 辆车经过这一观测点的瞬时速度。

区间平均速度 $\overline{v}_{\mathrm{s}}$ 的计算公式如下。

$$\overline{v}_{\mathrm{s}}=\frac{LN}{\sum_{i=1}^{N}t_i} \tag{6-3}$$

式中，N 为观测时间内通过观测点的机动车的数量；L 为观测路段的长度；t_i 为第 i 辆机动车通过观测路段所需的时间。

（3）交通流密度

交通流密度也称交通密度，是指在某一时刻，单位长度道路上所存在的机动车数量。密度与瞬时速度相似，是一个瞬时值。它反映道路上车辆的密集程度。密度是随着观测时间和观测路段的长度不断变化的，因此密度的计算一般取某一观测时间段内的平均值。计算公式如下。

$$K=\frac{N}{L} \tag{6-4}$$

式中，K 为交通密度；N 为在某一瞬间观测路段上的机动车数量；L 为观测路段的长度。

6.1.2 交通流特性分析

交通系统包含的影响因素很多，道路交通流的形成也受多方面因素的影响，如道路状况、天气状况、驾驶人的心理状态、出行计划、交通事故、大型集会。这些因素的影响，使交通流呈现出实时的、非线性的、非平稳的特性。

（1）随机性

交通系统的影响因素复杂多样，表现的方式是随机的，在不同的时间、不同的地点会对交通流产生不同的影响，因此，交通流具有随机性。

（2）不确定性

交通流受各种突发因素的影响，比如交通事故造成道路占用，车辆通过该道路的时间增加，和以往的历史数据的走势不同，造成交通流形成的不确定性。

(3) 周期性

交通流具有一定的周期性，比如日常上下班的交替，工作日与周末的交替。

(4) 相关性

交通流在时间和空间上有相关性：在时间方面，过去的交通流状态对未来的交通流产生影响；在空间方面，上游道路的车辆经过行驶汇入下游道路，上游交通量的大小影响下游交通流的走势。

以上四个特点表明交通系统是一个复杂的、多变的、动态的系统，是人、车、路的集合，各种要素随机产生作用于交通系统，对交通流预测的难度增大，但自身的规律性又为预测提供了可能。

6.2 交通流的统计分布特性

交通流理论是运用物理和数学的方法来描述交通特性的一门边缘科学，它用分析的方法阐述交通现象及其机理，使人们能更好地理解交通现象及其本质，并使城市道路与公路的规划设计和营运管理发挥最大的功效。

6.2.1 离散型分布

(1) 泊松分布

适用条件：车流密度不大，其他外界干扰因素基本上不存在，即车流是随机的。

基本公式为

$$P_k=\frac{(\lambda t)^k}{k!}e^{-\lambda t} \tag{6-5}$$

式中，P_k 为在计数间隔 t 内到达 k 辆车的概率；λ 为平均到车率，辆/s；t 为每个计数间隔持续的时间，s。

令 $m=\lambda t$，则

$$P_k=\frac{m^k}{k!}e^{-m} \tag{6-6}$$

递推公式为

$$P_0=e^{-m} \quad P_{k+1}=\frac{m}{k+1}P_k \tag{6-7}$$

分布的均值 M 和方差 D 都等于 m。

① 到达数小于 k 的概率为

$$P(<k)=\sum_{i=0}^{k-1}\frac{m^i e^{-m}}{i!} \tag{6-8}$$

② 到达数小于等于 k 的概率为

$$P(\leqslant k)=\sum_{i=0}^{k}\frac{m^i e^{-m}}{i!} \tag{6-9}$$

③ 到达数大于 k 的概率为

$$P(>k)=1-P(\leqslant k)=1-\sum_{i=0}^{k}\frac{m^i e^{-m}}{i!} \tag{6-10}$$

④ 到达数大于等于 k 的概率为

$$P(\geqslant k)=1-P(<k)=1-\sum_{i=0}^{k-1}\frac{m^i e^{-m}}{i!} \tag{6-11}$$

⑤ 到达数至少是 x 但不超过 y 的概率为

$$P(x\leqslant i\leqslant y)=\sum_{i=x}^{y}\frac{m^i e^{-m}}{i!} \tag{6-12}$$

⑥ 用泊松分布拟合观测数据时，参数 m 按式(6-13) 计算。

$$m=\frac{\text{观测的总车辆数}}{\text{总计间隔数}}=\frac{\sum_{j=1}^{g}k_j f_j}{\sum_{j=1}^{g}f_j}=\frac{\sum_{j=1}^{g}k_j f_j}{N} \tag{6-13}$$

式中，g 为观测数据分组数；f_j 为计算间隔 t 内到达 k_j 辆车这一事件发生的次（频）数；k_j 为计数间隔 t 内的到达数或各组的中值；N 为观测的总计间隔数。

（2）二项分布

适用条件：车辆比较拥挤、自由行驶机会不多的车流。交通流具有较小的方差时，来车符合二项分布。

基本公式为

$$P_k=C_n^k p^k(1-p)^{n-k} \tag{6-14}$$

式中，P_k 为在计数间隔 t 内到达 k 辆车的概率；n 为正整数；p 为二项分布参数。

递推公式为

$$P_0=(1-P)^n$$

$$P_{k+1}=\frac{n-k}{k+1}\times\frac{p}{1-p}P_k \tag{6-15}$$

均值 M 和方差 D 分别为

$$M=np \qquad D=np(1-p) \tag{6-16}$$

6.2.2 连续性分布：负指数分布

适用条件：用于描述有充分超车机会的单列车流和密度不大的多列车流的车头时距分布。

负指数分布常与泊松分布相对应，当来车符合泊松分布时，车头时距则符合负指数分布。

由公式

$$P_0=\mathrm{e}^{-\lambda t} \tag{6-17}$$

可知，当车辆平均到达率为 λ 时，P_0 为计数间隔 t 内无车到达的概率。

可见，在具体的时间间隔 t 内，如无车辆到达，则在上一次车和下一次车到达之间的车头时距 ht 大于等于 t。

6.3 交通流数据预处理

（1）缺失数据填补

一般情况下，获取的数据是可靠的，然而有时候由于一些不可控的因素会造成数据采集的缺失，比如检测器异常、停电、信号干扰等。数据的缺失可以有很多种处理方法，比如直接把缺失值删除，运用时间序列法或者插入法得到缺失值，现介绍如下。

时间序列法是使用缺失数据点前后 n 个时间点的数据相加求平均值得到的缺失数据。运用式(6-18) 计算缺失数据。

$$\hat{x}_{k,t}=\frac{1}{2n}(x_{h,t-n}+\cdots+x_{k,t-1}+x_{k,t+1}+\cdots+x_{k,t+n}) \tag{6-18}$$

式中，$x_{k,t-n}$ 为 t 时刻的前 n 个时刻的交通流数据；$x_{k,t+n}$ 为 t 时刻的后 n 个时刻的交通流数据。

插值法有拉格朗日插值法和牛顿插值法。利用已知点建立合适的插值函数 $f(x)$，未知值由对应点求出函数值 $f(x_i)$ 近似替代。以牛顿插值法为例进行说明。牛顿插值法是多项式插值，引入了差商的概念。

函数 $f(x)$ 关于点 x_0 和 x_k 的一阶差商为

$$f[x_0,x_k]=\frac{f(x_k)-f(x_0)}{x_k-x_0} \tag{6-19}$$

$f(x)$ 的二阶差商为

$$f[x_0,x_1,x_k]=\frac{f[x_1,x_k]-f[x_0,x_1]}{x_k-x_0} \tag{6-20}$$

$f(x)$ 的 k 阶差商为

$$f[x_0,x_1,\cdots,x_k]=\frac{f[x_1,\cdots,x_{k-2},x_k]-f[x_0,\cdots,x_{k-1}]}{x_k-x_0} \tag{6-21}$$

牛顿插值多项式借助于差商的定义，一次插值多项式可以表示为

$$P_1(x)=P_0(x)+f[x_0,x_1](x-x_0)=f(x_0)+f[x_0,x_1](x-x_0) \tag{6-22}$$

二次插值多项式可以表示为

$$\begin{aligned}P_2(x)&=P_1(x)+f[x_0,x_1,x_2](x-x_0)(x-x_1)\\&=f(x_0)+f[x_0,x_1](x-x_0)+f[x_0,x_1,x_2](x-x_0)(x-x_1)\end{aligned} \tag{6-23}$$

根据差商的定义，将 x 看成 $[a,b]$ 上的一点，可得

$$\begin{gathered}f(x)=f(x_0)+f[x,x_0](x-x_0)\\f[x,x_0]=f[x_0,x_1]+f[x,x_0,x_1](x-x_1)\\\cdots\\f[x,x_0,\cdots,x_{n-1}]=f[x_0,x_1,\cdots,x_n]+f[x,x_0,\cdots,x_n](x-x_n)\end{gathered} \tag{6-24}$$

把后一个公式依次代入前一个公式，就可以得到

$$\begin{aligned}f(x)=&f(x_0)+f[x_0,x_1](x-x_0)+f[x_0,x_1,x_2](x-x_0)(x-x_1)+\cdots+\\&f[x_0,x_1,\cdots,x_n](x-x_0)\cdots(x-x_{n-1})+\\&f[x,x_0,\cdots,x_n]\omega_{n+1}(x)\\=&P_n(x)+R_n(x)\end{aligned} \tag{6-25}$$

其中

$$\begin{aligned}P_n(x)=&f(x_0)+f[x_0,x_1](x-x_0)+f[x_0,x_1,x_2](x-x_0)(x-x_1)+\cdots+\\&f[x_0,x_1,\cdots,x_n](x-x_0)\cdots(x-x_{n-1})\end{aligned} \tag{6-26}$$

$$R_n(x)=f(x)-P_n(x)=f[x,x_0,\cdots,x_n]\omega_{n+1}(x) \tag{6-27}$$

式中，$\omega_{n+1}(x)=\prod_{j=0}^{n}(x-x_j)$

(2) 异常值处理

异常值可以采用直接删除的方式，或者作为缺失值进行处理。

(3) 数据归一化

数据值有时在整体量纲上会有较大的差别，比如由于随机性，使得交通流数据在不同路段、不同时间状态下产生很大变动。因此，为了使输入数据更加平稳化，消除奇异数据带来的影响，也为了使数据集适合模型的输入模式，方便模型的训练，需要把数据集进行归一化处理。采用最大最小归一化方法，经数据映射到 [0,1] 之间，计算方法为

$$x'=\frac{x-x_{\min}}{x_{\max}-x_{\min}} \tag{6-28}$$

式中，x'为归一化后的数据；$x_{\min}$ 为数据中的最小值；$x_{\max}$ 为数据中的最大值。

6.4 交通信息获取技术

交通信息采集技术可以分为静态交通信息采集技术和动态交通信息采集技术。

(1) 静态交通信息采集技术

静态交通信息包括规划国土信息、城市道路网基础信息、交通管理信息等。对于静态交通信息，通常采用人工调查或仪器测量的方式获取数据。

(2) 动态交通信息采集技术

动态交通信息主要包括通过各种检测设备提供的道路交通流实时采集信息，这些信息是不断变化的。动态交通信息采集技术分为两类，即独立式采集技术和协作式采集技术。独立式采集技术也称为主动采集技术，主要包括感应线圈检测、地磁检测、微波检测、红外线检测、视频检测等。协作式采集技术主要包括基于 GPS 定位的采集技术、基于 RFID 的采集技术和基于蜂窝网络的采集技术。在协作式采集技术中，被检测对象上有相应的车载设备，比如 GPS 终端、RFID 标签等，通过它与整个采集系统的其他部分进行信息交换，以实现信息采集，因此协作式采集技术又称为被动采集技术。

① 视频监测技术：对视频图像进行处理，使用计算机领域中的图像处理

技术识别实际道路中的车辆，并对车辆周围的环境进行过滤，从而获得交通数据。

② 远程微波传感器技术：通过对目标区域内的车辆进行分类，识别出静止车辆和行驶车辆。周围环境物体的回波有固定阈值，回波信号超过这个阈值的时候，可以判断出有车辆存在，并进行区分。

③ 磁映像技术：磁映像技术的原理是利用车辆运动和磁场变化的关系，此项技术采用了一种强导体材料，经特定的地磁通线集中起来，让其处于比较小的空间内，当车辆经过时，磁力线会被影响而产生变形，提取这种信号并处理成电压-时间变化的曲线，完成规律探索。

6.5 宏观交通流模型及微观交通流模型

6.5.1 宏观交通流模型

在密度不是非常小的道路交通情况下，从一个比较高的位置观察道路交通时，车辆的运动看起来和流体运动比较类似，这就是交通流这一名称的由来。交通流的宏观模型也是在此背景下产生的。交通流被视为由大量的车辆构成的可压缩连续流体。因此，也像流体一样，有 t 时刻 x 位置的车辆密度和平均速度等概念，并建立了密度和速度的偏微分方程或者方程组，通过求解方程或方程组，可以研究交通流的动力学行为。与微观交通流模型相比，宏观模型只需求解几个参量构成的偏微分方程或方程组，其模拟时间和车辆数量无关。宏观模型的发展始于 Lighthill、Whitham 和 Richards 提出的 LWR 模型，也称为运动波模型或者一阶模型。

LWR 模型是根据车辆数量守恒建立的，其模型方程为

$$\frac{\partial K}{\partial t}+\frac{\partial Q}{\partial x}=s \tag{6-29}$$

式中，$Q=Kv$，表示道路流量；K 表示密度；v 表示速度；s 表示通过出入匝道进入或离开路段的流量。

在 LWR 模型中有密度和速度两个变量，但是只有一个方程，因此方程不封闭，无法求解。为了使方程封闭，LWR 模型认为车流总是处在平衡状态，引入了速度和密度之间平衡速度和密度的函数关系。

$$v=v_{\mathrm{e}}(K) \tag{6-30}$$

将式(6-31) 代入式(6-30) 可得关于密度的双曲型方程。

$$\frac{\partial K}{\partial t}+\frac{\partial Q_{\mathrm{e}}(K)}{\partial x}=s \tag{6-31}$$

式中，$Q_{\mathrm{e}}(K)=Kv_{\mathrm{e}}(K)$。

LWR 模型描述了非线性密度波的传播特性。宏观交通流还有密度梯度模型、速度梯度模型、Aw-Rascle 模型等。这里对其他模型不做过多的讲解。宏观交通流模型不像流体中研究要求得那么严格，比如在流体中有分子尺度、流体质点尺度和宏观尺度等，在交通流中不存在质点尺度，由于这些原因，交通流宏观模型没有严格的理论基础，但是它也可以较好地揭示交通流的主要动力学行为，因此也作为研究交通流的一种有效模型。

6.5.2 微观交通流模型

以跟驰模型为例简单介绍微观交通流模型。跟驰模型的基本假设如下。

① 道路平直，无交叉口或者匝道，不允许超车。

② 采取自由驾驶模式，并尽可能达到所允许的最大行驶速度。当车头间距为 100～200m 时，车辆间相互影响，驾驶人采取跟驰驾驶。

③ 跟驰驾驶的时候，驾驶人观测前方临近车辆的运行并对本车进行调整，观察本车车辆的速度、加速度、加速度变化率，前车与本车的距离、相对速度、相对加速度等。

④ 驾驶人根据以往和当前的信息进行判断，不能采取违反因果规律的行为。

⑤ 驾驶人的行为不一定总是及时、精确或者正确的。

根据上面的假设，提出了很多种跟驰模型，主要有四类。

- 刺激-反应模型。
- 安全距离模型。
- 驾驶心理模型。
- 基于人工智能的模型。

以刺激-反应模型介绍跟驰模型：刺激-反应模型的最早形式为假定驾驶人试图使本车与前车速度一致。从该假设出发，并假定驾驶人有反应延迟，得到车辆行驶动力学方程如下。

$$a_n(t+T)=c\Delta v_{n,n-1}(t) \tag{6-32}$$

式中，$a_n(t+T)$ 表示第 n 辆车在 $(t+T)$ 时刻的加速度；T 为驾驶人反应时间；c 为待定比例常数；$\Delta v_{n,n-1}(t)=v_n(t)-v_{n-1}(t)$，表示第 n 辆车与第 $n-1$ 辆车之间的速度差；$v_n(t)$ 表示第 n 辆车在 t 时刻的速度。

6.6 基于深度学习的交通流预测

6.6.1 概述

交通流预测可以帮助人们规划合理的出行路线，辅助交通管理部门制定交通管制与诱导方案，有效缓解交通拥堵问题。国内外研究人员提出很多交通流预测模型和方法，这些模型和方法主要包括以下几类。

（1）数理统计交通流预测方法

数理统计交通流预测方法是指以数理统计理论模型为基础进行的交通流预测，主要包括历史平均模型、时间序列分析模型、卡尔曼滤波模型、非参数回归模型等。

① 历史平均模型是将历史交通数据的平均值作为下一时刻预测值的预测模型。该模型计算方法简单，但是没有考虑交通流的非线性特点，因此预测精度不高，只适用于简单的交通流状况的预测。

② 时间序列分析模型是一种基于时间序列分析方法的交通流预测模型。该模型依据历史数据建立能够反映交通流数据中因素的前后依赖关系的数学模型，然后根据建立的模型对未来的数据进行预测。主要有自回归模型、滑动平均模型、自回归-滑动平均模型和差分整合移动平均自回归模型。

③ 卡尔曼滤波模型是一种将卡尔曼滤波理论应用于交通流预测的模型。该模型通过对模型输入和输出的观测比较来实现对模型参数的最优评估。卡尔曼滤波既可以处理平稳数据，也可以处理非平稳数据，有着较好的预测精度，但是参数选择比较困难，计算量比较大，适合短期交通流的预测。

④ 非参数回归模型也称为多元回归模型，是一种无须先验知识的交通流预测模型。该模型根据历史数据寻找与预测点相似的邻居节点，并根据这些邻居节点的信息预测当前节点的下一时刻状态。该模型操作简单、实时性高、预测精度好，适合短时交通流预测。

（2）非线性理论交通流预测方法

非线性理论交通流预测方法以混沌理论、分形理论、自组织理论等非线性理论为基础进行交通流预测。该方法能有效捕捉交通流数据的非线性特点，提高预测精度，但是理论复杂、计算困难，因此研究进度比较慢。常见的非线性理论的交通流预测模型有混沌模型、小波模型、分形理论模型。

① 混沌模型是一种基于混沌理论的交通流预测模型。混沌模型在使用过程中要对系统进行判定，当判定为混沌系统时才可以使用混沌模型，不是混沌系统时，不能使用混沌模型。当系统判定为混沌系统时，模型对时间延迟和嵌入维数等参数进行确定，相空间重构，并选择相空间中的局部相点进行拟合，得到预测轨迹，然后从中分离出所需要的预测值。此模型适合时序的短期预测。

② 小波模型是一种基于小波分解理论的交通流预测模型，是一个先分解、后预测、再合成的过程。模型先将交通流序列分解为不同尺度的子序列，然后对分解后的子序列进行预测，最后将这些子序列的结果合成，得出交通流的预测结果。

③ 分形理论模型是一种基于分形理论的交通流预测模型。分形理论认为自然界存在着看似无序，但本质上很相似的系统。交通流数据也是一样，在分布上具有一定的周期性和自相似性，因此可以采用分形理论对交通流的预测进行研究。

（3）动态仿真交通流预测方法

动态仿真交通流预测方法是已知交通流模型和基础交通数据，使用仿真软件在计算机上模拟交通路网的运行状态，实现交通流预测。动态仿真方法考虑的因素比较多，实时性不高，不能用于大规模的交通路网状态的预测。

（4）人工智能交通流预测方法

人工智能交通流预测方法是指以人工智能理论为基础，实现交通流预测，主要有决策模型、神经网络模型和深度学习模型。

① 决策模型是指以决策边界理论为基础的预测模型。常见的有基于决策树理论的预测模型和基于支持向量机理论的预测模型。

② 神经网络模型是由大量神经元构成的模型。该模型从大量数据中学到输入和输出之间的关系，根据这种关系对新输入的数据进行预测。常见的神经网络有 BP 神经网络、RBF 神经网络、小波神经网络、模糊神经网络等。

③ 深度学习模型主要有深度信念网络模型、长短期记忆神经网络模型、深度卷积神经网络模型、循环神经网络模型等。深度学习被广泛应用于各个领域，也应用于交通预测领域。

（5）组合模型交通流预测方法

组合模型指的是将多种模型进行组合后形成的交通流预测模型。此模型主要是通过单个模型的优势进行模型间的相互组合，提高模型的预测精度。

6.6.2 交通流预测

（1）交通流预测研究现状

交通流预测研究：线性统计模型，如王晓蒙运用基于朴素贝叶斯法的预测模型来实现对路网中未被样本覆盖道路的交通流速度信息的预测；Zhang Jun 通过扩展卡尔曼滤波器实时预测未来客流；Kumar S. Vasantha 基于季节 ARIMA 模型进行短时交通流预测；使用机器学习和深度学习相关的方法，比如使用 RNN 模型、LSTM 模型、CNN 模型等可以很好地解决交通流预测方面的问题；Rui Fu 运用 LSTM 和 GRU 神经网络方法进行交通流预测，这也是 GRU 神经网络首次应用于交通流预测；Liu Yipeng 运用卷积神经网络和 LSTM 模型相结合，利用双向 LSTM 对预测点的历史交通流数据进行分析；运用非线性模型来预测，如窦慧丽基于小波理论和 ARIMA 模型进行短时交通流预测；智能理论模型预测，如 S. Sha 使用 RNN 的 LSTM 和 GRU 网络预测未来客流量；L. Mou 提出基于时间信息增强的交通流预测方法。

（2）基于深度学习的交通流预测

对交通流进行预测的示例（交通流量的预测）如下。

① 加载所用到的 Python 的各种库。

```
In [22]: import numpy
         import matplotlib.pyplot as plt
         from keras.models import Sequential
         from keras.layers import Dense
         from keras.layers import LSTM
         import  pandas as pd
         import  os
         from keras.models import Sequential, load_model
```

② 读取数据，并显示前 5 行。

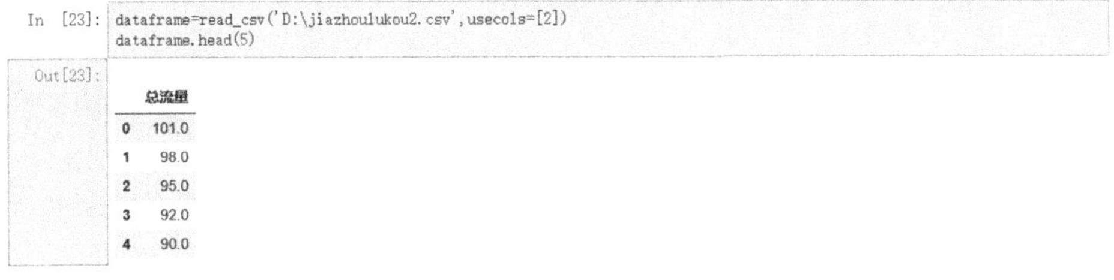

```
In [23]: dataframe=read_csv('D:\jiazhoulukou2.csv',usecols=[2])
         dataframe.head(5)
Out[23]:
```

	总流量
0	101.0
1	98.0
2	95.0
3	92.0
4	90.0

其中 usecols 表示读取数据列，示例中表示读取第 2 列。

③ 显示数据的图形。

```
In [24]: plt.plot(dataframe)
         plt.show()
```

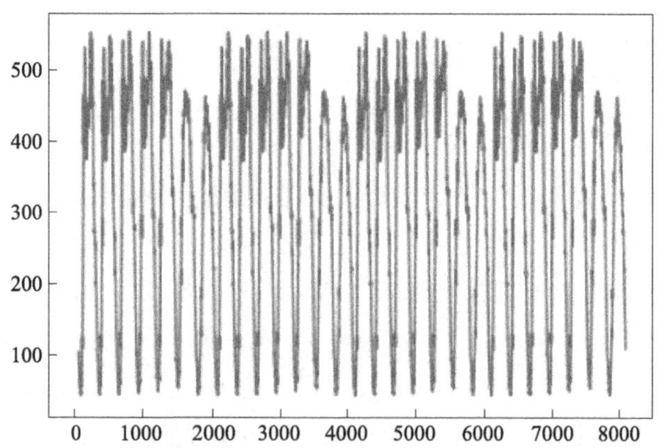

④ 显示数据有多少行，多少列。

```
In  [25]: dataframe.shape
Out[25]: (8064, 1)
```

```
In  [26]: print(dataframe)
        总流量
0     101.0
1      98.0
2      95.0
3      92.0
4      90.0
5      86.0
6      82.0
```

⑤ 数据整型变成 float 型，并显示出来。

```
In  [7]: dataset=dataframe.values
         #print(dataset)
         #dataset.shape
         #数据整型变为float型
         dataset=dataset.astype('float32')
         print(dataset)

         [[101 ]
          [ 98 ]
          [ 95 ]
          ...
          [119]
          [112]
          [106]]
```

⑥ 把数据进行归一化，并拟合数据，显示数据的长度。

```
from sklearn import preprocessing
from sklearn.preprocessing import MinMaxScaler
import numpy as np
scaler = MinMaxScaler(feature_range=(0, 1))
dataset = scaler.fit_transform(dataset)

len(dataset)
Out[28]: 8064
```

⑦ 把数据的 65％作为训练数据，其余的数据作为测试数据，并打印显示。

```
In [29]: train_size = int(len(dataset) * 0.65)
         #print(train_size)
         trainlist = dataset[:train_size]
         #print(trainlist)
         testlist = dataset[train_size:]
         print(testlist)

[[0.16796875]
 [0.16796875]
 [0.14257812]
 ...
 [0.15625   ]
 [0.14257812]
 [0.13085938]]
```

⑧ 运用函数 create_dataset（），将数据存储为两个矩阵。

```
In [30]: def create_dataset(dataset, look_back):
         #这里的look_back与timestep相同,look_back 就是预测下一步所需要的 time steps
         #将数据存储为两个矩阵，一个矩阵的ind位置存储t时刻的值，另一个矩阵存储t+1时刻的值
             dataX, dataY = [], []
             for i in range(len(dataset)-look_back-1):
                 #print(i)
                 a = dataset[i:(i+look_back)]
                 #print(a)
                 dataX.append(a)
                 #print(dataX)
                 dataY.append(dataset[i + look_back])
                 #print(dataY)
             return numpy.array(dataX),numpy.array(dataY)
```

⑨ 调用函数得到训练数据和测试数据。

```
In [31]: #训练数据太少，look_back不能过大
         look_back = 1
         trainX,trainY  = create_dataset(trainlist,look_back)
         testX,testY = create_dataset(testlist,look_back)
         print(trainX.shape[0])
         print(trainX.shape[1])

5239
1
```

⑩ 把数据改为 LSTM 模型接受的数据形式。

```
In [32]: #把数据reshape，变为LSTM接受的数据
         trainX=numpy.reshape(trainX,(trainX.shape[0],trainX.shape[1],1))
         testX=numpy.reshape(testX,(testX.shape[0],testX.shape[1],1))
         print(trainX.shape[0])

5239
```

⑪ LSTM 模型的输入与编译。

```
In [33]: #LSTM模型的输入与编译

         model = Sequential()
         model.add(LSTM(6, input_shape=(None, 1)))
         model.add(Dense(1))
         model.compile(loss='mean_squared_error', optimizer='adam')
         model.fit(trainX, trainY, epochs=100, batch_size=1, verbose=2)
         #model.save(os.path.join("DATA","Test" + ".h5"))
         # make predictions

Epoch 1/100
5239/5239 - 3s - loss: 0.0247
Epoch 2/100
5239/5239 - 4s - loss: 4.0143e-04
Epoch 3/100
5239/5239 - 4s - loss: 3.9909e-04
Epoch 4/100
5239/5239 - 3s - loss: 3.9626e-04
Epoch 5/100
5239/5239 - 3s - loss: 3.9185e-04
Epoch 6/100
5239/5239 - 3s - loss: 3.9006e-04
Epoch 7/100
5239/5239 - 3s - loss: 3.8637e-04
Epoch 8/100
5239/5239 - 3s - loss: 3.7894e-04
Epoch 9/100
5239/5239 - 3s - loss: 3.8043e-04
Epoch 10/100
5239/5239 - 3s - loss: 3.8090e-04
```

⑫ 进行预测。

```
In [34]: #进行预测
         #model = load_model(os.path.join("DATA","Test" + ".h5"))
         trainPredict = model.predict(trainX)
         testPredict = model.predict(testX)
         #print(trainPredict)
         #反归一化
         trainPredict = scaler.inverse_transform(trainPredict)
         trainY = scaler.inverse_transform(trainY)
         testPredict = scaler.inverse_transform(testPredict)
         testY = scaler.inverse_transform(testY)
```

⑬ 生成新数组。

```
In [20]: #Numpy.empty_like(),生成与已有数组相同大小和类型的数组，生成以后再用numpy.nan赋值为空
         trainPredictPlot=numpy.empty_like(dataset)
         trainPredictPlot[:,:]=numpy.nan
```

⑭ 给 trainPredict 赋值。

```
In [36]: trainPredictPlot[look_back:len(trainPredict)+look_back, :] = trainPredict
         #print(trainPredictPlot)
```

⑮ 画图并显示，训练、测试和原始图之间的关系。

```
In [61]: # shift test predictions for plotting
         testPredictPlot = numpy.empty_like(dataset)
         testPredictPlot[:, :] = numpy.nan
         testPredictPlot[len(trainPredict)+(look_back*2)+1:len(dataset)-1, :] = testPredict

         # plot baseline and predictions
         plt.figure(figsize=(20, 5))
         plt.plot(scaler.inverse_transform(dataset),"r")
         plt.plot(trainPredictPlot,'o')
         plt.plot(testPredictPlot,'g')
         plt.show()
```

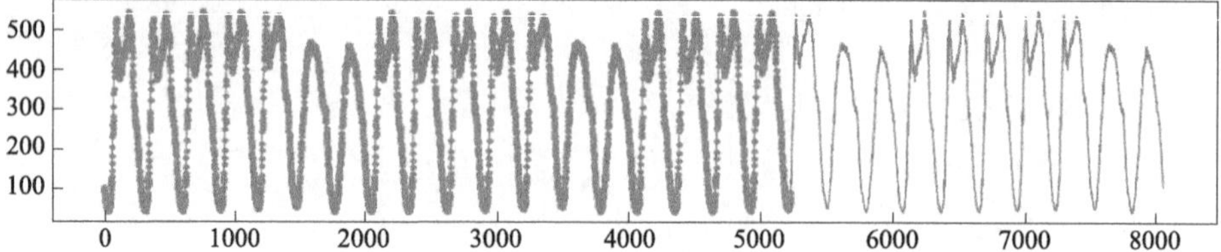

参 考 文 献

[1] 埃里克·马瑟斯. Python 编程从入门到实践. 袁国忠，译. 北京：人民邮电出版社，2016.

[2] 阿米特·萨哈. Python 数学编程. 许杨毅，刘旭华，译. 北京：人民邮电出版社，2020.

[3] Jiawei Han，Micheline Kamber，Jian Pei. 数据挖掘概念与技术. 范明，孟小峰，译. 北京：机械工业出版社，2018.

[4] Chris Albon. Python 机器学习手册：从数据预处理到深度学习. 韩慧昌，林然，徐江，译. 北京：电子工业出版社，2019.

[5] 朱洁，罗华霖. 大数据架构：详解从数据获取到深度学习. 北京：电子工业出版社，2016.

[6] 刘凡平，等. 神经网络与深度学习应用实战. 北京：电子工业出版社，2018.

[7] 段超，王静逸. 神经网络与深度学习实战. 北京：机械工业出版社，2019.

[8] 林子雨. 大数据技术原理与应用. 3 版. 北京：人民邮电出版社，2021.

[9] 鲍勃·麦昆. 网联汽车与智慧城市的大数据分析. 王昕彦，孙德林，梁桂航，译. 北京：机械工业出版社，2020.

[10] Yang W，Liu J J，Zhou K X，et al. An Automatic Emergency Braking Model considering Driver's Intention Recognition of the Front Vehicle. Journal of Advanced Transportation，2020：1-15.

[11] Zhang H L，Fu R. A Hybrid Approach for Turning Intention Prediction Based on Time Series Forecasting and Deep Learning. Sensors，2020，20（17）：1-22.

[12] Peng J S，Wang C W，Fu，R，et al. Extraction of parameters for lane change intention based on driver's gaze transfer characteristics. Safety Science，2020，126：1-10.

[13] Tang L，Wang H Y，Zhang W H，et al. Driver Lane Change Intention Recognition of Intelligent Vehicle Based on Long Short-Term Memory Network. IEEE Access，2020，8：136898-136905.

[14] Liu Y G，Zhao P，Qin D T，et al. Driving Intention Identification Based on Long Short-Term Memory and A Case Study in Shifting Strategy Optimization. IEEE Access，2019，7：128593-128605.

[15] Zhao X，Wang S，Ma J，et al. Identification of driver's braking intention based on a hybrid model of GHMM and GGAP-RBFNN. Neural Computing and Applications，2019，31：161-174.

[16] Hou H J，Jin L S，Niu Q，et al. Driver Intention Recognition Method Using Continuous Hidden Markov Model. International Journal of Computational Intelligence Systems，2011，4（3）：386-393.

[17] Husen M，Lee S. Continuous Car Driving intention recognition with syntactic pattern approach. International Conference on Information & Communication Technology IEEE，2017：71-76.

[18] Kuge N T，Yamamura O，Shimoyama，et al. A Driver Behavior Recognition Method Based on a Driver Model Framework. SAE Transactions，2000，109：469-476.

[19] Shiwen Liu，Kan Zheng，Long Zhao，et al. A driving intention prediction method based on hidden Markov model for autonomous driving. Computer Communications. 2020，157：143-149.

[20] Kumar P, Perrollaz M, Lefevre S, et al. Learning-based approach for online lane change intention prediction. 2013 IEEE Intelligent Vehicles Symposium (Ⅳ). 2013, Ⅳ: 797-802.

[21] Oliver N, Pentland A P. Graphical models for driver behavior recognition in a smartcar. Proceedings of the IEEE Intelligent Vehicles Symposium. 2000, Cat. No. 00TH8511: 7-12.

[22] Shu Wang, Qiang Yu, Xuan Zhao. Study on driver's turning intention recognition hybrid model of GHMM and GGAP-RBF neural network. Advances in Mechanical Engineering. 2018, 10 (3): 1-16.

[23] Il-Hwan Kim, Jae-Hwan Bong, Jooyoung Park, et al. Prediction of Driver's Intention of Lane Change by Augmenting Sensor Information Using Machine Learning Techniques. Multidisciplinary Digital Publishing Institute. 2017, 17 (6): 1350.

[24] Yulong Lei, Yuanxia Zhang, Yao Fu, et al. Research on adaptive gearshift decision method based on driving intention recognition. Advances in Mechanical Engineering. 2018, 10 (10): 1-12.

[25] Chen Chen, Liu Lei, Qiu Tie. Driver's Intention Identification and Risk Evaluation at Intersections in the Internet of Vehicles. IEEE Internet of Things Journal. 2018, 5 (3): 1575-1587.

[26] Yang Wei, Wan Bo, Qu, Xiaolei. A Forward Collision Warning System Using Driving Intention Recognition of the Front Vehicle and V2V Communication. IEEE Access. 2019, 8: 11268-11278.

[27] Zhongyi Xing. Driver's intention recognition algorithm based on recessive Markoff model. Journal of Intelligent & Fuzzy Systems. 2019, 38 (2): 1603-1614.

[28] Mingjun Li, Xiaolin Song, Haotian Cao, et al. Shared steering control combined with driving intention for vehicle obstacle avoidance. Proceedings of the Institution of Mechanical Engineers, Part D: Journal of Automobile Engineering, 2019, 233 (11): 2791-2808.

[29] Weinreuter Hannes, Imbsweiler Jonas, Strelau Nadine Rebecca, et al. Prediction of human driver intentions at a narrow passage in inner city traffic / Intentionsprädiktion menschlicher Fahrer an einer Engstelle im innerstädtischen Straßenverkehr. Technisches Messen, 2019, 86 (s1): 127-131.

[30] Jianhao Zhou, Jing Sun, Longqiang He, et al. Control Oriented Prediction of Driver Brake Intention and Intensity Using a Composite Machine Learning Approach. Energies, 2019, 12 (13): 1-20.

[31] Trung-Hau Nguyen, Wan-Young Chung. Detection of Driver Braking Intention Using EEG Signals During Simulated Driving. Sensors, 2019, 19 (13): 1-16.

[32] Zhu Lei, Li Shuguang, Li Yaohua, et al. Analysis of braking intention based on fNIRS in driving simulation experiments. IET Intelligent Transport Systems, 2019, 13 (7): 1181-1189.

[33] Yi D, Su J, Liu C, et al. Trajectory Clustering Aided Personalized Driver Intention Prediction for Intelligent Vehicles. IEEE Transactions on Industrial Informatics, 2019, 15 (6): 3693-3702.

[34] Xiao-yuan Wang, Ya-qi Liu, Qing Xu, et al. Feature extraction and dynamic identification of driving intention adapting to multi-mode emotions. Advances in Mechanical Engineering, 2019, 11 (4): 1-14.

[35] Donghoon Shin, Subin Yi, Kang-moon Park, et al. An Interacting Multiple Model Approach for

Target Intent Estimation at Urban Intersection for Application to Automated Driving Vehicle. Applied Sciences，2020，10（6）：1-9.

[36] Wang S，X Zhao，Yu Q，et al. Identification of Driver Braking Intention Based on Long Short-Term Memory（LSTM）Network. IEEE Access，2020，8：180422-180432.

[37] Yang Xing，Chen Lv，Huaji Wang，et al. An ensemble deep learning approach for driver lane change intention inference. Transportation Research Part C，2020，115：1-19.

[38] 阿斯顿・张，李沐，扎卡里・C. 立顿，等. 动手学深度学习. 北京：人民邮电出版社，2019.

[39] 弗朗索瓦・肖莱. Python 深度学习. 张亮，译. 北京：人民邮电出版社，2019.

[40] 蒋子阳. TensorFlow 深度学习算法原理与编程实战. 北京：中国水利水电出版社，2019.

[41] 李力，姜锐，贾斌，等. 现代交通流理论与应用. 北京：清华大学出版社，2011.

[42] 同济大学应用数学系. 高等数学. 北京：高等教育出版社，2001.

[43] 徐吉谦，陈学武. 交通工程总论. 北京：人民交通出版社，2019.

[44] 李庆扬，王能超，易大义. 数值分析. 北京：清华大学出版社，2010.

[45] 王晓蒙，彭玲，池天河. 基于稀疏浮动车数据的城市路网交通流速度估计. 测绘学报，2016，45（7）：866-873.

[46] Zhang J，Shen D，Tu L，et al. A real-time passenger flow estimation and prediction method for urban bus transit systems. IEEE Transactions on Intelligent Transportation Systems，2017，18（11）：3168-3178.

[47] Kumar S V，Vanajakshi L. Short-term traffic flow prediction using seasonal ARIMA model with limited input data. European Transport Research Review，2015，7（3）：21.

[48] Sha S，Li J，Zhang K，et al. RNN-based subway passenger flow rolling prediction. IEEE Access，2020，8：15232-15240.

[49] Mou L，Zhao P，Xie H，et al. T-LSTM：A long short-term memory neural network enhanced by temporal information for traffic flow prediction. IEEE Access，2019，7：98053-98060.

[50] Ren S，Yang B，Zhang L，et al. Traffic Speed Prediction with Convolutional Neural Network Adapted for Non-linear Spatio-temporal Dynamics. Proceedings of the 7th ACM SIGSPATIAL International Workshop on Analytics for Big Geospatial Data，2018，32-41.

[51] Gutha S. A deep learning approach to real-time short-term traffic speed prediction with spatial-temporal features，2019.

[52] Zhang W，Yu Y，Qi Y，et al. Short-term traffic flow prediction based on spotio-temporal analysis and CNN deep learning. Transportmetrica A：Transport Science，2019，15（2）：1688-1711.

[53] Fandango A，Wiegand R P. Towards investigation of iterative strategy for data mining of short-term traffic flow with Recurrent Neural Networks. Proceedings of the 2nd Internationl Conference on Information System and Data Mining，2018：65-69.

[54] Xie Z，Liu Q. LSTM networks for vessel traffic flow prediction in inland waterway. 2018 IEEE International Conference on Big Data and Smart Computin（BigComp），2018：418-425.

[55] Shao H，Soong B H. Traffic flow prediction with Long Short-Term Memory Networks（LSTMs）. TENCON 2016 IEEE Region 10 Conference，2016.

[56] 王苗苗. 基于机器学习的短时交通流预测方法研究. 西安：长安大学，2017.

[57] Rui F, Zuo Z, Li L. Using LSTM and GRU neural network methods for traffic flow prediction. 2016 31st Youth Academic Annual Conference of Chinese Association of Automation (YAC), 2016.

[58] 纳温·库马尔·马纳西. Python 深度学习实战：基于 TensorFlow 和 Keras 的聊天机器人以及人脸、物体和语音识别. 刘毅冰，薛明，译. 北京：机械工业出版社，2019.